陶小开 著

裂变增长私域新视角

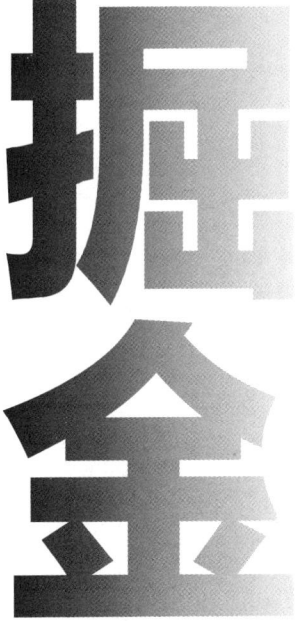

电子工业出版社·
Publishing House of Electronics Industry
北京·BEIJING

未经许可，不得以任何方式复制或抄袭本书之部分或全部内容。
版权所有，侵权必究。

图书在版编目（CIP）数据

流量掘金：裂变增长私域新视角 / 陶小开著. —
北京：电子工业出版社，2022.1
ISBN 978-7-121-42884-5

Ⅰ.①流… Ⅱ.①陶… Ⅲ.①网络营销 Ⅳ.①F713.365.2

中国版本图书馆 CIP 数据核字（2022）第 022050 号

责任编辑：张振宇　　特约编辑：田学清
印　　刷：天津千鹤文化传播有限公司
装　　订：天津千鹤文化传播有限公司
出版发行：电子工业出版社
　　　　　北京市海淀区万寿路 173 信箱　邮编：100036
开　　本：880×1230　1/32　印张：9.125　字数：230 千字
版　　次：2022 年 1 月第 1 版
印　　次：2022 年 1 月第 1 次印刷
定　　价：88.00 元

凡所购买电子工业出版社图书有缺损问题，请向购买书店调换。若书店售缺，请与本社发行部联系，联系及邮购电话：（010）88254888，88258888。
质量投诉请发邮件至 zlts@phei.com.cn，盗版侵权举报请发邮件至 dbqq@phei.com.cn。
本书咨询联系方式：（010）88254210，influence@phei.com.cn，微信号：yingxianglibook。

专家荐读

做好私域确实是一件难事,从开始讲私域流量到后面私域得到企业的认可和追捧,这个过程很艰辛。在微信生态,小开是一个难得的深耕者,从公众号自媒体到微信群,从个人微信到企业微信再到视频号,他一直在一线,也打造出了行业领先的工具。《流量掘金》这本新书确实可以认真阅读,看看一线实战者的思考。

刘兴亮　知名数字经济学者、《刘兴亮时间》创始人

任何生意都可以分为四个阶段:让更多的人来,让来的人都买,让买了的人再来买,让买了的人再介绍人来买。

陶小开的新书用实战的案例与经验,对私域流量经营逻辑做了非常好的演绎,值得系统学习,深入实践。

廖桔　桔子会创始人

我与小开相识于自媒体时代,他是一名成功的自媒体掘金者,也是自媒体里面最早重视私域流量经营的操盘手。对于企业来说,不管环境如何变化,流行什么样的营销方式,想要在红海中脱颖而出,不变的依然是如何和用户构建一种"超级关系"。这本书推荐给你。

易涛　民生银行私域顾问、在座咨询创始人

商业世界唯一不变的就是变化，"城头变幻大王旗"更是常态。但如果你仔细琢磨这些变化背后的不变、那些不同背后的相同，会发现手里有鱼不如手里有渔。第一个鱼是流量，第二个渔是私域。也就是说，谁能更有效率地把公域流量转化成私域资产，谁就能成为恒星。小开老师的这本《流量掘金：裂变增长私域新视角》就是教你如何从鱼到渔。

纪中展　科学队长创始人

收到陶小开老师的新书《流量掘金》，3小时读完全部内容，我认为这本书可以说是给私域、流量、裂变做了一次深度解读！小开老师是国内为数不多的流量实战专家，他用自己的实战经验，用他在流量底层的所见所闻，佐证了他眼中的流量掘金之道！我认为流量掘金对于中小企业来说既是取胜之道，也是生存之本！

王六六　裂变增长实验室创始人

一个修行的人总渴望逃避个人生活而进入客观逻辑和思维的世界。这种愿望好比城市里的人渴望逃避喧嚣拥挤的环境，而到高山上去享受幽静的生活，在那呼吸清新且纯洁的空气，自由地眺望，陶醉于那似乎是为永恒而设计的宁静景色。

更为积极地说，理智的人都设想以最适当的方式画出一幅简化和易领悟的世界图像，于是试图用他的方式建构一种易懂的体系来代替某领域的已知世界，并征服它。

作为一个在互联网流量界深耕的自媒体人和创业者，小开有资格全景深度解析流量和留量时代的掘金路。他在互联网时代，怀着真诚、严谨、纯洁、肃穆、热情的求真务实精神向"私域""流量"这些热词涌动下的很多"割韭菜"式伪命题宣战。作为一个创业者，他通过积极参与和实践认知，深入浅出地解析了现代流量的裂变引入及留存运营这些最基本的问题。

谢路平　尚顶科技 CEO

无论是私域还是公域，我们都是站在用户的角度思考用户在哪里，怎么找到他，他喜欢什么，他长什么样，我们能为他提供什么精准服务。我们不能把私域看成一个独立的现象，它存在于整个线上、线下融合的流量体系里，它是存量、增量，也是变量。你要不断去了解流量的生态变化，找准规律，适应它，也可以引导它，最终还能通过生产内容，制造流量。感谢小开揭开私域流量的面纱，为各行各业提供全面解读。希望商家不要抱着一根私域流量的绳索，就以为可以获得天下武功秘籍。它更多是为大家打开一个渠道，请应用好它。

王英平（么么茶）　长沙电商协会秘书长

小开是我的学生，也是多年的朋友。他应该是我的学生中特别优秀的一位，短短数年，他从一介青涩稚嫩的学生成长为行业大咖、创业英才代表。就如他自己所言，把自己当作"产品"，开放、专注、真诚、善良、创新，他完美地践行了"做最好的自己"这一历程。本书是他在专业领域的一次分享，文字通俗易懂，案例栩栩如生，读完你或许还能感受到某些深邃通透的哲理和温润细腻的人性。

张见　新程教育集团总经理

流量的价值毋庸置疑，而私域流量就是其中最为宝贵的"金矿"。当代中国企业除了需要在公域中捕捞流量，更需要在私域中构建自己的"留量"。在私域中，内容就是最大、最有黏性的引力。祝贺本书出版，愿你读后获益。

徐达内　新榜 CEO

陶小开虽风华正茂，却是久经互联网沙场的老将了。从自媒体伊始，他对行业的洞察便经常让人拍案叫绝。如今私域流量时代扑面而来，这本凝聚一线智慧，极具操作性和前瞻性的书，值得大家细读。

三表　知名自媒体"三表龙门阵"主理人

任何时代都是流量为王，直播也好，图文也罢，越是流量见顶的时候越发体现出流量的重要性。带货需要回头客，娱乐也需要粉丝，只有真正了解用户，才能生产出用户满意的内容，而私域正是这一切的基石。陶小开的个人见解和格局确实比同龄人都要见长，这本从实操的角度写出来的书，绝对是私域流量运营人员的宝典，点个赞。

刘畅　畅想学院创始人

记得第一次见小开的时候，是在北京28推的一次聚会上，他才20岁左右。看似短暂的几年，似乎又更替了好几个风口，再重新看小开的经历，他确实一直在行业的一线努力奋斗。私域流量的本质其实还是用户的精细化运营，从他这些年打造的产品来看，也证明了他对于私域理解的功底深厚。这本书汇聚了他这几年的所有精华，值得一读。

年长青　28推创始人

好的内容其实要给懂的人看，才能称之为好内容，而私域运营体系的建设其实就是让我们能够真正地知道把对的内容给对的人，在真正懂用户和尊重用户的前提下，为用户提供愉悦的内容。小开是多年好友，他从做自媒体开始一直走在行业一线，做了好些不错的产品和工具。看到他能够把多年的心得整理成一本书，为他高兴。这是一本只有真正具有实操能力和行业视角的人才能写出的好书，值得一读。

林少　十点读书App创始人

在"再小的个体,也有自己的品牌"的数字用户时代,每一个品牌的终极存在,其实就是与用户的"私域"关系。在"私域流量"成为一个风口词汇的同时,最缺乏的恰恰是有人理性与系统地去分析引导并掌握它的法门。

陶小开老师作为我的多年好友,一直在互联网流量一线,既有亲自下场的实战,又有随时抽身的观点,再配合极强的文字输出能力,保持连贯地钻研、梳理一整套有关裂变、流量、私域,尤其是变现的系统方法论。陶老师的这本新作,再现了他深入浅出、文字耐读、读后能上手、上手能达成的一贯风格,脑洞大开,养分十足!

秦朝 "餐饮老板内参"创始人

这两年,商界营销端都在大谈"流量、私域、裂变",连全球五百强企业和国际品牌也放下身段,说要来重新学习。记得我上次邀请陶小开加入90门(一个"90后"的头部精英社群),听完我的介绍,他皱着眉头说:"我觉得90门私域和社群,特别是裂变,还有很大的迭代空间啊,找机会我来给你们上上课吧。"他很温柔地指出我们的不足。我认可,我也知道,他是有"干货"的人,而且是由实战经验总结出来的"干货"!

还记得有次《吴晓波年终秀》结束后,我们的社群组织小饭局,在座的有好几位福布斯U30(30岁以下青年企业领袖),其中也有陶小开。他跟大伙儿聊到了从流量到私域到裂变,令人记忆犹新,非常精彩!同桌还坐着宝洁系两大品牌的负责人,大家一致认同他:"公域投放红利期已过……私域深耕细作的时代到来。"舒服日子过惯了的这帮人,又争先恐后地问道:"如何再重回血雨腥风的前线战场抢流量?到底怎么做私域、玩裂变?你有MVP(可复制成功案例)吗?你有SOP(可复制标准流程)吗?"

当下不是讨论两微一抖、B站、小红书怎么进,而是基于兴趣内容,如何低成本吸粉,如何高效从泛粉到精粉,怎么一开再上二开,如何提高复购率、增购率,如何勇敢地开出高客单价,最终如何用10%的KA去完成90%的利润。

以上这些，在我与陶小开的谈笑风生间，在这本书的字里行间，我看到了陶小开倾囊相授的笑容，也发现成功密码正在悄然泄露。

希望看这本书的你跟我一样，能收获满满，解锁成功！

郑重　财经作家吴晓波合伙人、飞诺90门创始人、CEO

私域的形态一直在发生变化，从网站、App到微信里的社交账号，但是如何做好私域的底层逻辑其实一直没有变。小开在微信生态里深耕多年，并取得不菲的成绩。跟着他从认知到实操方法论，一起做好私域，获得指数级增长。

契约　视频号头部MCN机构创始人、增长黑客

私域是标配，是核心，是基础，是新一代企业增长的源头，是老一代企业转型的抓手，是所有人都该掌握的底层能力。

掌握私域，必须建立起准确的认知、有力的方法论、深刻的用户洞察、有效的超级服务体系、完备的微信运营工具矩阵。这些，都在陶小开的书中得到完整体现。

潘越飞　锌财经／百准创始人

增长是一个永恒的话题，企业的营收＝流量＋转化，其中私域是新时代下企业流量增长的"蓄水池"，可以在后续转化中不断提升用户LTV。私域流量的核心催化剂其实是真实的用户关系。通过打造超级用户视角，做好用户关系服务交付，进而提升用户的体验，让用户真正成为企业的"蓄水池"，让企业真正有底气做好战略发展规划。

本书由浅入深，抽丝剥茧，独到地将"私域"的理念结合新时代营销案例，系统化、结构化、多维化，帮助商业运营者提升对公域到私域的核心逻辑认知，从思辨的角度解构流量和生意的特点，提供具象化工具和方

法论，为企业发展长效血脉提供了关键启迪。强烈推荐小开仔细打磨的《流量掘金》，一定会给你带来意想不到的收获！

吴亮亮　风变科技联合创始人、CTO兼COO

流量的背后是人和需求。千人千面，需求各不相同，在不同的场景下，需求还会发生转变。在种种变量中，唯一不变的是人。陶小开在此领域耕耘数年，他将人与"内容"紧密连接，以人为核心打造私域流量，并使其变为留量，在当今的流量时代提供了增长新视角。

罗军　途家及斯维登集团联合创始人

我们作为公域流量的头部，其实非常羡慕私域领域的思维专家。对我们而言，打开了水龙头，这是一次性的收益，但是只有放进蓄水池才是长久的收益。私域可以帮助我们进行十倍、百倍的规模沉淀，很期待有这样一部教我们赚钱的"秘籍"。

任一晨（cc）　银河商学创始人

私域的本质就是与用户建立长远而忠诚的关系，其在未来商业社会的重要性不言而喻。而做私域最好的时机一个是过去，一个是现在，不会做私域犹如守着金矿在乞讨。推荐大家都读一读这本《流量掘金》，一定会有新收获！

肖逸群　星辰教育创始人兼CEO、恒星私域工厂厂长

从创业者的角度来看，小开确实很不错，不断地在穿越小的周期，从图文微博到博客再到公众号再进入社群运营和私域体系，如今在视频号和直播体系也有不错的认知和见解。私域其实就是用户数字化的过程，在去中心化的时代下算法开始代替流量成为核心竞争力。数据是算法的基础生产资料，数据又在不断的迭代共享下产生新的价值，而私域仅是数据的一

方面,未来全域的价值及场景的互通会爆发第二周期。小开从私域到全域拥有独特的视角和敏锐的洞察,这本书值得一读。

宗宁(万能的大熊)《格局逆袭》作者、知名自媒体人

最早和小开认识是使用他开发的微信群管理工具,本来以为他只是个技术男,聊多了才发现他对私域有非常深入的思考。

2021年开始,做私域好像成为所有企业的必选项,市面上出现了各种书籍和课程,但质量良莠不齐。如果你刚好对私域运营感兴趣,那么小开这位资深从业者的经验与感悟,一定会给你很大的帮助。

贾万兴 "小小包麻麻"创始人

陶小开老师的《流量掘金》,是其从业多年的结晶。只有私域的流量才是自己的,只有私域才能更好地触达用户。如果你想学习私域,学习裂变,可以好好读读此书!

天地啸 奇热科技CEO、天财会主理人

随着互联网的不断发展,线上流量的获取成本正在不可逆得越来越贵。那如何提高用户价值,建立私域流量池就成了流量运营的必修课。陶老板的书,由浅入深,把私域建立的逻辑和技巧全方位地展现给读者,不但能够让运营小白看得懂,就连增长高手也会有新的收获和体会,特别推荐给大家。

波波 爱盈利/抖查查CEO

陶小开同学是我的私域,我们认识已经好几年了,基本属于沉默私域。但当2020年后,一场突如其来的疫情,改变了我们很多,我们也认识到了流量越来越贵的不可逆过程,这迫使我们要找到更有性价比的流量

池。所以，私域时代就正式来了，之前的沉默私域开始被激活，又开始裂变，开始重视把公域流量装到自己的口袋里——私域流量。我和这位私域的朋友陶小开，也开始了激活合作，开始了裂变传播。本书从他的视角出发，一起探究私域流量，欢迎上车！

王不凡　未来直播创始人/视频号头部达人

如何才能真正利用私域流量赚到钱？本书为广大读者提供了一个非常重要的新视角，那就是最大化地挖掘单个用户的价值，把"流量"变成"留量"。小开对于私域的洞察，结合了自己丰富的实战经验，不仅有核心方向，还有具体的实操方法，让私域营销在企业经营中发挥实质作用。

卢熠翎　张德芬空间CEO

微信生态从2014—2015年的订阅号时代到2016—2017年的服务号时代，从2018—2019年的小程序爆发到2020—2021年的企业微信崛起，每个时代都有进场掘金的新的机会点。不用担心自己此刻进场是不是晚了，种下一棵树最好的时间是十年前和现在，让我们跟着小开的脚步一览私域的金矿。

鉴锋　零一裂变创始人、微信商业化顶流

互联网流量的红利彻底消失了，所有人都开始谈私域，但是对于如何做私域，众说纷纭。每个人都有不同的见解和方法，但是以用户为中心的底层思路是不会变的！

陶小开，一个深耕互联网行业的年轻老兵，一直从事互联网的前端探索工作，有着十几年的行业经验和独特的视角。本书凝聚了他对私域的探索、尝试和总结，是一本实操+理论的实用书籍，肯定能给你的实际工作带来非常有益的指导！

马迎辉　慕思电商事业部总经理

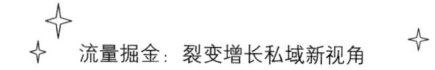

私域流量是近几年运营领域的热门词，是对用户增长和变现的细分与深入实践，是一种用户运营方法，其背后是人与人之间信任关系的建立与互惠互利的推荐行为。作为私域流量入门的书，这本书可以让读者一窥究竟。

兰军　BLUES公众号主理人、《产品前线》策划人、梅沙科技合伙人

商业的本质其实还是用户运营，不管时代怎么变化，基础设施如何更替，但对人的服务及用户的画像只会越来越具体。小开这本书里有一个非常好的观点：企业微信是私域真正沉淀且能够进行数字化分析的流量载体。本书值得一读，推荐给你。

吴俊　腾讯CSIG泛互联网事业部 KA华南总经理

在外部不确定性多发的当下，在私域流量盛行的今天，用户运营只会越来越深，用户服务也会越来越专业。陶小开深耕私域平台的闭环玩法，有多年的实践经验，懂得如何触达全渠道用户，实现数据化用户运营，相信会给需要打造个人品牌的朋友和正在寻求经济新增长点的企业带来启发。这本书还会展示全域流量的运营地图，值得推荐。

周礼　立白集团直播业务&私域平台运营事业部总经理

自序 把自己当作"产品"

写书可以说是我一直想做的事情,但总是找不到一个合适的机会。作为自媒体人,庆幸的是,我多年来一直写作,从而积累了"文字+观点"的输出能力。恰巧孩子出生,因为疫情,我要陪老婆"坐月子",所以就有了机会,开始动笔写这本书。

写这本书,一开始其实并没有什么远大的目标,无非是想要对自己多年的从业经历做一个总结,进行一次系统化的梳理,后来写着写着就越来越觉得有意义。

在我发现行业内对于私域流量的认识越来越浮躁、大家都在吹捧私域流量,甚至很多人想通过私域流量救活企业的时候,我的感触越来越深。为什么行业里缺少这样一堂课,能够真正地教别人如何运营私域流量呢?即便市面上有一些相关课程,也多数不靠谱。当然,我并不是说我写的这本书有多么成功,但我至少抱着这样的心态,即真正教别人如何运营私域流量。

我希望这本书能够像一款产品一样,几年之后会有人很认真地说，当年就是因为用了这款"产品"，自己才能获得成功。

我明确地知道自己要什么，所以才会做输出；我明确地知道自己未来要成为一个什么样的人，所以才有写书的动机，甚至开始深度规划自己的IP。

我经常思考这样一个问题：如果把自己当作一款产品，我将如何打造自己？

一家由"技术+产品"驱动的企业，会不断地迭代和优化产品，为产品做长远的规划，会考虑产品最终的形态是什么样的。为什么我们不能把自己看作一款产品，来规划自己呢？

我希望未来有不少人能够看到我写的这篇自序，从而引起他们的思考，而我也在规划未来如何持续输出。本书的目录和框架是按照实际操作的逻辑撰写的，我希望未来可以持续进行修订。

我很庆幸自己写了这本书。未来退出这个行业或退休的时候，我可以昂首挺胸地说："我并没有在这个领域白走一遭，至少留下了一些东西。"

目录

第一章 重新认识"私域流量"	第一节	私域流量的春天来了 / 003
	第二节	当流量遇到留量 / 010
	第三节	我所理解的私域流量 / 017
	第四节	企业要用好私域流量这把"双刃剑" / 023
	第五节	个人玩转私域流量的本质 / 028
	第六节	私域流量运营人员必备的四大技能 / 033

第二章 找准角色定位， 锁定你的精准 "鱼塘"	第一节	在用户心智中，给自己贴上一个标签 / 041
	第二节	我是谁？我从哪里来？我要到哪里去 / 048
	第三节	我找谁？TA从哪里来？为什么要来 / 053

第三章 裂变增长，换一种角度切入私域

第一节 裂变增长的底层逻辑 / 067
第二节 个人微信号的注册与养护 / 074
第三节 公众号低成本裂变的方式 / 081
第四节 五大步骤，让社群实现快速裂变 / 088
第五节 H5，人人都可掌握的裂变方法论 / 093

第四章 激活沉睡的私域，流量之战不能缺"TA"

第一节 用户为什么会沉睡 / 101
第二节 从AARRR到RARRA，正确认识"激活" / 106
第三节 激活的路径和方法 / 110
第四节 内容"依旧"为王，你得懂内容营销 / 115

第五章 做好用户洞察，重新认识你的用户

第一节 消费洞察是营销成功的基石 / 123
第二节 从数据里破译用户密码 / 130
第三节 用户画像：大数据时代下的用户洞察 / 134
第四节 洞察误区：千万别进入自娱自乐的节奏 / 139
第五节 读懂"Z世代"，挖掘你的"钱"景 / 144

第六章 不懂留存，流量再多也白费

第一节　做好用户留存，抓住有价值的留量红利 / 153

第二节　留存路径的通畅度决定你的留存比 / 159

第三节　留存载体需要"千人千面"，切勿单一 / 165

第四节　常见的五大留存通道及方法论 / 170

第五节　快速响应，与用户建立长期的价值交换关系 / 176

第七章 有效运营，让私域用户源源不断地增长

第一节　如何做好私域流量运营 / 183

第二节　个人微信号的运营 / 188

第三节　朋友圈营销的关键点和误区 / 193

第四节　保持社群生命力的三大运营手段 / 198

第五节　用好公众号打造私域流量池 / 202

第六节　小程序：极微私域常用的运营手段 / 206

第七节　视频号：一个离私域流量最近的公域流量池 / 211

第八节　企业微信：在微信的群众基础上打造私域流量池，把握最好的机会 / 217

第九节　大私域玩法：私域不仅是微信生态 / 224

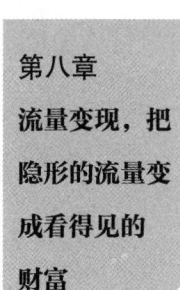

第八章 流量变现，把隐形的流量变成看得见的财富

第一节 为用户创造价值，才是企业的核心竞争力 / 235

第二节 跳出产品看需求，打造多元化的变现渠道 / 240

第三节 打造私域流量中的KOL，由点及面 / 245

第九章 一切皆为服务输出，服务是"超级用户思维"

第一节 一切皆为服务，服务是终点也是起点 / 253

第二节 "超级用户思维"的"三感"方法论 / 257

第三节 "新爆品时代"的来临 / 263

后记 陶小开的自白 / 269

第一章
重新认识"私域流量"

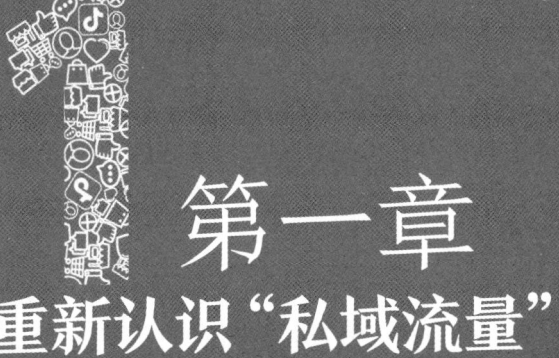

流量的背后是人和需求。流量分发以前还比较粗犷，现在已越来越细分，只因各种场景越来越明显。

2020年消费经济领域快速发展，2021年越发蓬勃，短视频、社区团购和各类社交电商风起云涌，私域流量进入一个飞速发展的阶段，成为每个企业和从业人士关注的焦点，也成为大家的焦虑点。

2020年是私域流量被真正关注的第一年，2021年则是私域流量被正式深耕的第一年。在未来3~5年内，私域流量的经济价值将全面爆发，你准备好了吗？

阅读指引

（1）私域流量时代的到来，给人们带来无限的商机。
（2）私域流量的根本在于留量。
（3）企业如何用好私域流量？
（4）个人如何玩转私域流量？
（5）私域流量运营人员需要具备的技能有哪些？

> 春天的太阳甚至能给最普通的花带来新生。
>
> ——【英】司各特

第一节　私域流量的春天来了

流量是每个人都在谈论的话题。市面上有各种说法：①拥有流量就拥有绝对的市场话语权；②手握流量，兴风作浪。当然，很多人其实并不知道如何正确地让流量发挥价值，流量不产生价值纯属假象。万物生长基于能量，流量则是互联网平台的核心能量。人们都说流量变了，但分析来看也仅是流量的载体发生了变化，其触达方式和触点在升级。流量的本质还是没变。

每个流量的背后都有一个真实的人和需求。而人又是千面且随场景变化的，所以人的角色就会形成许多场景化数据，如在公司、社区、餐馆、超市等。这些都是一条条细分的"流量"。"人+场景"不断分裂和组合，让很多人在追逐流量的过程中迷失了自我。

我认为，零售的底层逻辑是服务用户。当你开始明白这一点时，流量的数量就不再是核心目标，而质量成了关键。销售的本质是利用产品为需要的人创造价值，获取更多的流量其实就是想在这个已存在的价值上连接更多的人。但人们往往容易陷入产品市场匹配（Product Market Fit，PMF）的错觉中。"拉新"是转动流量飞轮的第一个启动点。人们很容易把关注点放在拉新上,从而忽视了用户体验,使流量的留存出现问题,这是一件非常可怕的事情。

图1-1所示为流量池。它就像一个水池,一个口子在进水,另一个口子在出水。在很多情况下,流出的水远远多于水池里的水。

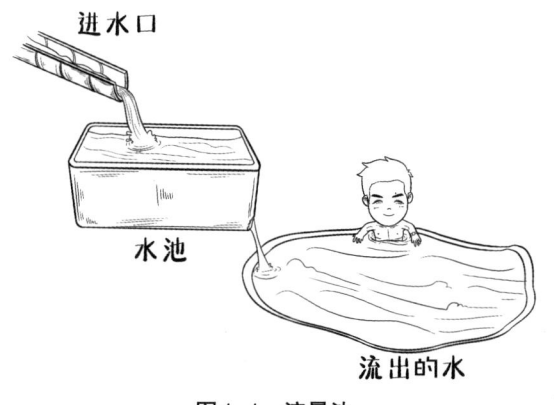

图1-1 流量池

获客只是营销中的一环,只是私域流量运营前面的一部分。获客多、流量大从某种角度来说,是"好结果",但从用户生命周期的角度来说,用户服务(包括变现)才是需要思考、规划的事情。只有懂得如何融通用户长尾需求,才能真正撬动市场。在流量采买的过程中,我们看到过太多失败的案例,由此发现:你的用户就是最好的推销者,利益的引诱只是第一层动力,用户的分享力才是最大的裂变源头。

在私域流量发展早期,个人与企业并非没有考虑到这一点,而是很多人与企业不具备运营和长期持有私域流量的能力。在流量红利逐步消失的今天,流量经营面临着以下这样的局面。

(1)流量变得越来越重要,也越来越难获得。

(2)所有流量都基本趋于"在线化",用户触点越来越多。

(3)内容的表达方式越来越丰富,用户趋于两种:一种是愈发明确自己的诉求;另一种是不知道自己要什么(挑花了眼)。

这些变化都在展示一个事实——私域流量成为新一轮流量革命的标志。私域流量的春天来了!

我们先来看一下私域流量和社群的微信搜索指数,如图1-2所示。

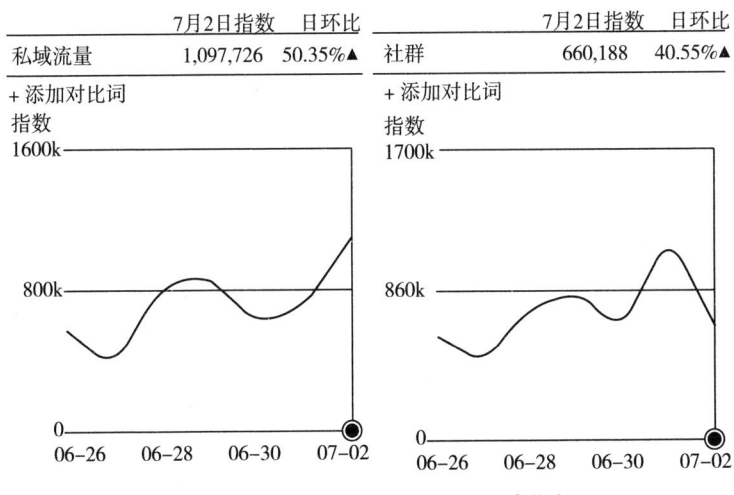

图1-2 私域流量和社群的微信搜索指数

从图1-2中不难看出,私域流量和社群这两个关键词的搜索次数都处于一个极高的水平。2017年10月，当我谈到"私域流量"一词时，很少有人能真正捕捉到要点，甚至还会被质疑。2018年，我把工具做出来，并开始跟各大平台和品牌方合作的时候，终于验证出了结果。2019年，人们基本上明白这是一件很重要的事情，但一直不敢下水。2020年以后，这种情况就发生了质的改变，各大企业开始争相入局私域流量池的打造，"私域流量"一下子成了网络热词，备受个人与企业追捧，甚至已经有不少企业凭借它走上了首次公开募股（Initial Public Offering，IPO）的道路。该行业彻底沸腾。

其实，每个行业崛起和发展的历程都大致相似。早期通常大多数人都在观望，只有一小部分勇于"吃螃蟹的人"在摸索。而随着流量红利逐渐消失，流量变得越来越贵，获取难度也在不断增加。最后，受环境所迫，人们不得不开始思考怎样做好用户关系运营。（我在本书最后交稿时，正处于做微信视频号的窗口期，如同很多人对待私域流量一样，停留在十字路口，大部分人都在观望，可机会往往就此擦肩而过！）

举个具体的例子。"孩子王"是中国著名儿童用品品牌。我经过研究发现，它经营的不是产品，而是用户关系。在品牌创建初期，"孩子王"就本着"以用户为核心"的理念，把用户需求和服务放在第一位。我跟"孩子王"的一位营销经理有过一次沟通，印象非常深刻的是，他们能够非常清楚地知道每个小孩每个月具体应该喝多少克奶粉，每天会换几块尿不湿。而且，"孩子王"每期的"妈妈学院"服务都非常细致，对孕妇进行专人引导，以打造极致的用户体验。

运营用户关系的根本是让用户感知到你的价值,从而和你建立紧密联系。能够让用户感知到的价值,才是真正的价值。

李善友教授曾经在一次公开演讲中对拼多多高速增长背后的原因进行深入分析。他认为,拼多多采用的是一种"以人为先"的新型电商模式,颠覆了过去传统电商平台"眼中是流量,不是人"的销售模式,重构了人们对流量的认知,这是其快速成长的一个重要原因。李善友强调,在拼多多诞生之前,电商平台基本上都采用流量模式,如阿里巴巴是流量分发模式,京东是电商流量模式。拼多多的电商模式和其他电商模式的区别,本质就是"货找人"和"人找货"的区别。

为什么要谈拼多多?在拼多多的崛起之路中,我认为其创始人黄峥的游戏思维起到了非常重要的作用。在用户留存的设计上,拼多多采取的是激起用户玩游戏的心态,其实这与私域流量的本质有异曲同工之妙:首先,让用户能够长时间地停留在商家和品牌所画的"圈层"里面,形成一套又一套的交互环节,只有当浏览量相对高的时候才能出现高品质的用户连接;其次,把人摆在产品前面,通过构建人和人之间的连接来实现对产品的分享与宣传,这就是新商业模式的根基。从根本上说,这是在重构"人、货、场"的关系,走向新零售。这里的"人"指的是目标用户,"货"指的是产品,"场"指的是销售场景。

传统商业模式的销售路径是货物被摆在对应的场所,人去指定的区域找寻自己需要的货物,供应链(产品)决定区域和人群,主要按照"货—场—人"的顺序。现在,随着数据采集和信息分配的加速和提效，其顺序变成了"人—货—场"。我们要先知道用户是谁，通过什么手段连接和运营用户，然后将产品分享给他人，激发他人的购买欲望，从而形成S2B2C（一种集合供货商赋能于渠道商并共同服务于用户的全新电商模式。S是大供货商，B是渠道商，C是用户）的私域商业模式。而线下的"场"也切换到线上，即"微信群"这个跨越时间和空间的双向销售场。

这里讲的重点是：以人为核心，做圈子，做私域流量。从经营用户的思维下手，摒弃卖货思维，用好的内容触达用户。

做了差不多10年的"内容"，我认为内容是品牌与用户沟通及承载信息的媒介。不管环境怎么变，有效触达（优质的内容营销）是核心要点之一。要思考如何用内容传递企业和品牌的需求与目的，找到需要连接的用户。

我们要感谢微信创造了一个能"双效发酵"的私域场。互联网本身具有沟通、服务、信息三大作用。而BAT（百度、阿里巴巴、腾讯）之所以成为BAT，最主要的原因是它们在三大领域牢牢抢占了头部位置——要沟通有腾讯，做服务有阿里巴巴，找信息有百度。

在这三大基础上，微信是向其他两个领域进攻的"双效"平台。微信小程序和微信搜索就是最好的入口。

微信小程序提供了信息与服务，其即开即用的优势开了先河，但也存在变现难、缺少推荐入口的问题。此时，微信搜索正好弥补了这个缺陷，既解决了用户和商家的联动问题，又提升了双方的对话能力。

于是，微信便将互联网三大领域打通、整合在一起，成为需求和服务的放大器，既放大了人的价值，也放大了产品的价值，借此在运营场中牢牢地占据了一席之地。

> 一切商业活动，只有看清"大趋势"和把握住"小变量"，同时有耐心，才有成功的可能。
>
> ——王兴（美团创始人）

第二节　当流量遇到留量

"单位"决定事物的属性，也定义了类别。认知不同，未来结果必然不同，这个因果关系很重要。

何为流量？如果不是因为写这本书，我也不会去问自己这个问题。我们依靠流量生存，商业也缺不了它，但很少有人真正地静下心来认真思考如何给自己接触的流量下一个定义。在很多人眼中，流量=客户，流量=人。这种定义放在以前可能并没有问题，但放在2021年肯定是错误的，因为我们在谈论场景，所以流量肯定是有前缀和后缀的。

对流量的定义：物理学上指的是水在管子里流动和汽车在高速路上流动的一个"量"；新媒体上指的是在进行内容消费和内容互动的时候的"数据流数量"。简单来说，流量就是数据流动的数量，就像人流、物流一样。

我曾在"得到"App上看到过这样一篇报道：曾鸣教授认为现在中国市场的独特之处在于现有的旧模式（私域流量1.0）、新兴的创新模式（私域流量2.0）、未知的未来模式（私域流量

3.0)3个阶段的模式同时出现且相互竞争,从而造就了中国特有的经济和市场格局。通俗地讲,这3种模式对应的其实就是传统行业、新兴互联网行业和智能数据行业。当前市场的3种模式如图1-3所示。

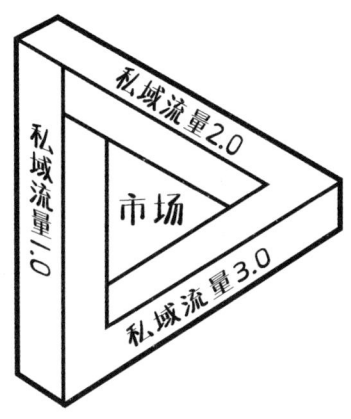

图1-3　当前市场的3种模式

为什么会出现3种模式重叠的局面呢?其实根本原因在于消费、零售、社会组织结构多方面的变革。在物资匮乏的年代,市场有什么,用户就用什么;而在物资充裕的今天,消费反过来驱动业态发展,而社会零售也在发生改变,一环扣一环的市场和由消费者驱动的升级完全脱离了计划经济的玩法,九成企业主陷入被动,被打了个措手不及。

研究流量就需要思考它的基本逻辑。在我看来,流量属于矢量,并不能直接用数量来衡量,因为企业和个人真正关注的是流量背后的需求,用户数代表的只是流量的多少,而用户需求才代表方向。在对的方向上找到对的人,才是我们真正需要的精准流量。

打个简单的比喻：一个拥有500万个泛用户群体的公众号跟一个拥有100万个垂直精准用户群体的公众号，你会选择哪一个？我相信，你一定会选择后者。

用户数很容易被数据化，但用户需求很难被数据化，这就是本节要讲的主题：只有当流量的"流"变成"留"时，用户需求才能被重视，真正意义上的流量不是"用户数"之和，而是"用户需求"之和。同样是"liu"，音同但意义完全不同。流量玩法和留量玩法，前者侧重的是流量带来的交易，也就是投入产出比，后者侧重的是用户留存和运营产生价值的最大化空间。

如今，微信最大的价值其实不在于用户数，而在于用户能够被多次、多层反复触达。用户"在线"的场景越来越细分，用户需求也就愈发精确，触达的有效率变得更有意义。我一直认为，这次流量变革其实是数字商业化带来的生产和分配的重组，流量多线融合，而不再是单线逻辑。企业主和品牌方一定要懂用户，站在用户的角度思考问题，更要习惯用内容去撬动流量。

如果在2019年和2020年年初讲这个事情，可能还有人觉得离自己挺远，但其实数字化和自动化的应用已经进入各行各业，正在悄然重塑经济格局。从流量到留量的转变，做到了真正从认知上发生转变，改变了人们对流量的看法。私域流量1.0的玩法并没有把流量当"人"看待（"人"等于变现点），2.0的玩法取决于"留"字的转变，有了"留"这个动作，意味着开始和用户有了交互，真正把流量当"人"看待。

在私域流量1.0时代,我见过许多企业创建大量个人微信号,利用个人微信号最大的添加能力去加人,目的就是尽可能扩充私域流量池的容量。其思考点停留在"变现"和"营销"上,不存在对已有用户的精细化运营,基本采用粗暴的广告和促销活动吸引用户。有人会问:"流量最终不就是用来变现的吗?如果不能变现,我用它做什么?"确实,在私域流量发展早期,这样的做法无可厚非,但到了2020年的私域流量2.0时代,这样做就有些不合时宜了,更不用说2021年以后的私域流量3.0时代。私域流量1.0的核心是"营销+转化+拉新",私域流量2.0的核心是"圈养+复购+分享",私域流量3.0的核心是"数字+场景+服务"。私域流量从1.0到3.0的进化历程如图1-4所示。

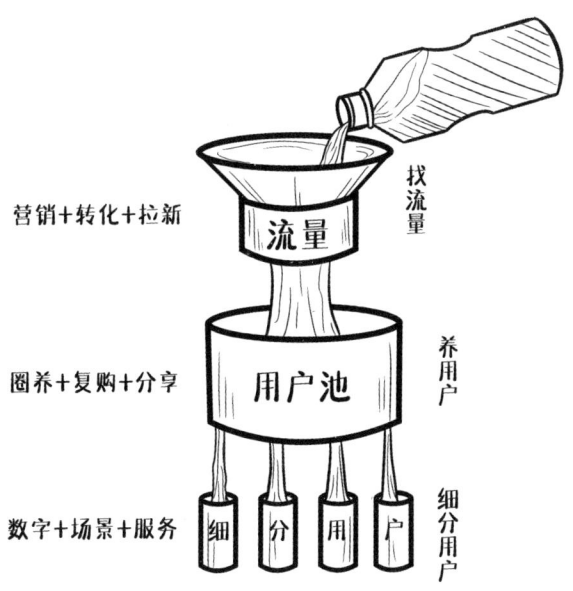

图1-4 私域流量从1.0到3.0的进化历程

这里先说私域流量2.0时代。其运营重点是把用户关系当作最重要的资产，更加注重"关系运营"而不是"有效变现"。其实，对于传统渠道型企业来说，并不一定要建立一个大容量的私域流量池，而是可以把原有的销售资源利用起来，为其提供更好的微信赋能工具，让每个人维护自己的"小池塘"。

2019年，在一次分享会上我就提到过企业和品牌的私域流量池必须是"活水"的逻辑，不主张"大池塘"，提倡分层的"小池塘"，这样才可以养得住鱼。私域流量池就是一个大池塘，这是行业内的共识。流量池本身是要分层的，如引流池、运营池、服务池、用户池。每个池塘的职能不一样，而且每层的池塘也需要进行分类，如用户池可以分为成交用户池、意向用户池、"种草"用户池。在此基础上再进行精细化的运营和数据分析，让拉新量变成存量，而存量再带动增量，高频带低频。

流量本身就要有一个初步的定级，所以定位是很重要的。

纵观互联网的发展历程，每个小阶段最先开始改变的其实都是流量的分配和路径。这里提到的改变并不是本质的改变，而是随着商业基建的变化产生的形态重构，随着商业形态和商业基础不断地整合和分解。我认为：不同的时间点和不同的商业基建、传播路径、媒介载体，再到场景的有序组合产生的一系列变化都源于流量重构。

消费者和消费方式的改变总是一部分主动的带动一部分被动的，商业的改变也在驱动社会组织结构悄然变化，所以讨论消费升级、零售变革，其本质都是在讨论用户载体和传播路径，从而使流量开始重构。流量重构的背后是业态重构，我们可以看到从传统电商到社交电商，到微商，到社群购物，到社区拼团，再到直播，随着业态的改变，消费者的消费习惯也在改变，如图1-5所示。从线下到线上，从平台到社群，企业与用户不再是一次性交易，企业可以在用户购买后引导其留存在社群内，利用社交关系继续开展营销。用户还是那些用户，只是现在变成了企业的私域流量，企业可以随时触达，并且不用二次付费。

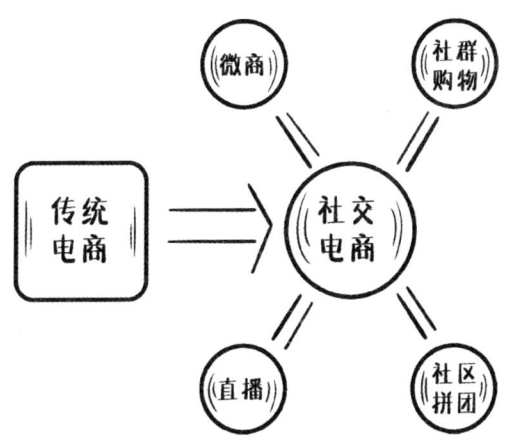

图1-5　流量重构的背后是业态重构

我们经常看到微信和抖音在对比用户时长，甚至每个超级App的财报上都会提到用户时长，所以用户时长其实是流量本质的另外一个重要指标。随着终端的变迁，人机交互方式和时间在发生翻天覆地的变化，从而改变了整个用户时长的分布和流动方式。我们甚至可以大胆畅想未来，增强现实（Augmented Reality，AR）和虚拟现实（Virtual Reality，VR）时代，交互和操作的落地完全解构了目前的形态，操作终端决定交互模式，交互模式则决定流量分配，那未来的流量该是如何的呢？

当流量重构之后，一方面，整个行业对其衡量的指标发生了变化，已经不再只看产品的月活跃用户数量（Monthly Active User，MAU）或日活跃用户数量（Daily Active User，DAU），而是看产品的用户时长，对流量的考察正从覆盖面向时长延伸。另一方面，企业的营销方式也发生了几大变化：营销方式趣味化、故事化和营销内容场景化、产品化。

总之，"流量为王"的时代快要过去，"留量为王"的时代正在到来。不过，在我看来，流量和留量是相互矛盾但相互依赖的两端。企业在运营用户的过程中因流量而形成了留量，也因留量而产生了流量，其中交互和服务中间的摩擦力产生的摩擦数值的流失量成为流量数据运动的蒸发量。我们可以用一个公式来表达三者之间的关系，即流量－蒸发量＝留量，如图1-6所示。

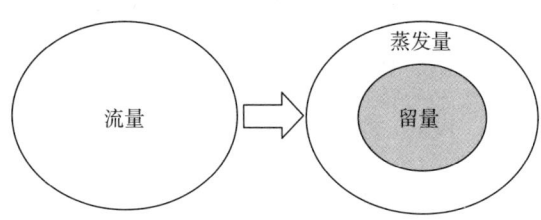

图1-6　流量数据运动的表达式

> 商业的本质是赢得人心,而不是赢得流量,流量只是品牌赢得人心的结果。
>
> ——江南春(分众传媒创始人)

第三节 我所理解的私域流量

在我看来,私域流量其实是维护用户关系的一条"纽带",私域流量运营的本质就是建立在为用户创造价值基础上的用户关系运营。"现代营销学之父"菲利普·科特勒在其著作《市场营销》中强调:"市场营销的本质正是与顾客长期的紧密关系。"因此,如果我们能够和用户成功建立某种紧密联系,为用户提供更多的价值,就可以更好地完成销售。

有所属、可免费、可连接、可识别、可触达、可运营,这是我对于私域流量特征的理解,如图1-7所示。

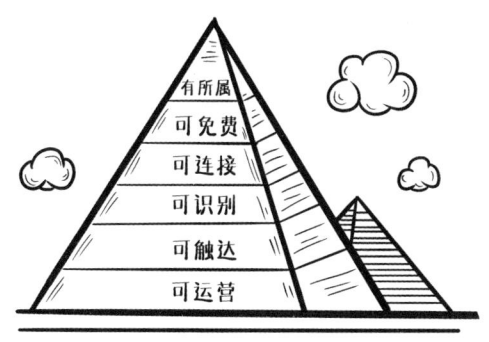

图1-7 私域流量的6个重要特征

（1）有所属。有所属即从字义上就能够明白流量的归属问题。

（2）可免费。可免费即为自己所有，与需要付费使用的公域流量不同，私域流量不需要付费。

（3）可连接。企业和用户之间进行的是有温度的情感连接，是缩短相互认知差的连接。

（4）可识别。企业能够通过用户的手机号和微信ID获得简单的用户画像，从而了解用户的大致喜好。

（5）可触达。以前的流量都是"非实际触达"的，而私域流量的背后是一个动态真实的消费诉求。

（6）可运营。相比以前的流量载体，私域流量可交互，媒介能够服务用户、了解用户，这是核心。

正是因为具备以上6个特征，企业与用户之间才具备了强关系链，当然私域流量上的关系是相对存在的。以后生意的运转路线都将是"线上营销—直接成交—门店服务—私域服务"的逻辑。我最早接触私域流量是在2017年11月，客户提出要把手上的1000万条历史电商消费数据转到微信里，这就是所谓的"获得沟通证明，做激活"。对于淘宝平台而言，降低流量成本一直是品牌和平台博弈的焦点，淘宝/天猫就是一个巨大的流量广告交易平台。某顶级女装品牌的老板跟我透露，其每年在阿里巴巴支出的广告费用都是以亿元为单位的，那么自己为什么不尝试做私域流量呢？

利用微信打造基于微信好友关系的商业闭环，是现在每家企业甚至每个人都在思考的问题。微信改变了人们的生活方式，任何生意都可以在微信上重新做一遍。利用微信，将手机号作为唯一的识别码和唯一的触达路径，以售后服务和回访为契机主动添加好友，这是我在2017年接触的私域流量的早期模型。当然，在这个行为之前还有"快递包裹小卡片""赠送5~10元的红包，扫码添加好友""分享朋友圈就可以获得"等诸多玩法。

其实，导入微信体系里，在私域流量大的认知上，个人微信号、社群只是私域流量的一种表现形态。

我认为，个人微信号本质上也是私域。近几年来，我在好多场合都跟别人强调过个人微信号的重要性，但没有细究里面的好坏和差异，因此很多人总是不太明白。所以，之后我会着重讲一下企业私有IP的个人微信号。

中国电商已经进入3.0时代，这个时代不再像传统的电商时代一般，只依靠丰富的产品和低廉的价格吸引用户，而是更看重社交化和移动化。在这样的大背景下，用户的购物体验越来越受到重视。

这时，新的IP化建设就需要有4个基础点。

（1）和用户之间持续进行深度互动。

（2）通过个性化社交网络触达用户。

（3）通过复杂的人格化表达，使用户产生情感共鸣。

（4）将原本割裂的职能部门有机融合。

总之，打造个人IP更容易获取别人的信任。商业交易的本质就是信任，如果没有个人IP，那么要让别人信任你是很难的。

其实微信有很多形态。你可以这样理解：微信是一个很大的书桌，这个书桌上有很多盒子，常见的盒子有公众号、微信群、个人微信号、小程序、视频号、企业微信等。在我的眼里，私域流量的完整形态应该是：外部引流＋留存＋运营＋私域运营池＋服务变现＋分享增长，再回流到引流环节。当然，这里需要重申的是，对于微信生态内私域流量载体的使用，如公众号、微信群、个人微信号、小程序、视频号、企业微信等，要尽可能连贯。这里也需要辩证地看待这件事情，并不是每个坑里都要有萝卜。

对于私域流量，一定要将其建立在已有的触达用户的路径上。直白一点说就是已经与用户产生联系，需要载体对这份"商业关系"进行延续，以促进用户转化。你可以通过内容触达这部分用户。早期，很多人会对私域流量存在误解，认为私域流量是微商，实际上两者有很大区别。当然。如果你才入门，我觉得你可以暂时把它当作微商来操作。

事实上，无论是上万人的大企业，还是几十人的小企业，私域思维都是一把利器，能够加深与用户的连接，提高用户的忠诚度。但在操作之前得考虑用户关系的强度和用户需求的频率，如图1-8所示。

如图1-8所示，从不同的维度出发，产品＋场景/领域的重组会带来不一样的定义和结果。私域最佳的起点还是高频的产品，这样有助于个人好友、微信群、朋友圈的维护和运营，但

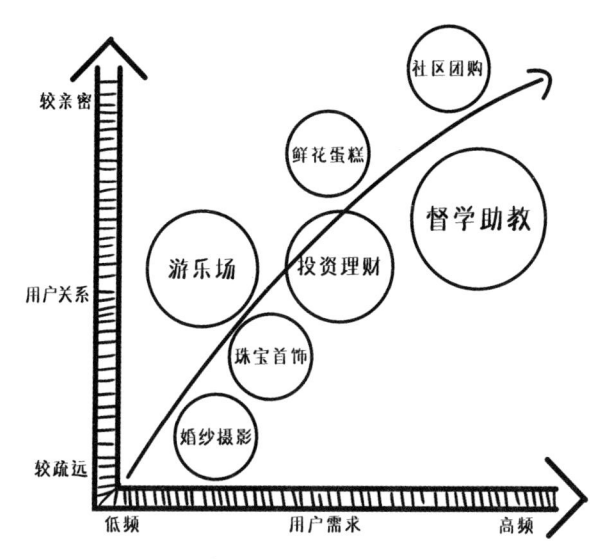

图1-8 用户关系的强度和用户需求的频率

也需要考虑对于这类人的价值判定。对于高频的产品或服务，建立相应的关系链就简单得多，如对于社区团购和社交电商，建立关系链可以更好地帮助企业走完商业流程及提高商业服务能力。

回到流量上，在历史（流量）的变迁中，任何一个新的机会和业态的产生，都有多方面的原因。一方面，流量在不断增长；另一方面，流量也在不断成长。2019年的时候，我就认识到流量的增长已达到瓶颈，流量的成长也随着消费变革再次蜕变。所以，流量获取的核心其实是如何把那些已经产生过交易行为或已经产生过联系的用户留存下来，由一个器皿保存起来并进行持续的维护，让公域流量变成私域流量。

2021年1月，微信官方数据显示，微信的MAU已经高达

11.5亿人。张小龙在微信公开课上讲过，已经有将近100万人的微信个人好友超过5000人。通过这些数据，我们可以看到每个人的社交关系链在不断拓宽，每个人的连接半径也在扩大，可以说大场景也在变大且更加细分，供给端变得丰富。宏观来看，在微信里每个人都是一个流量节点。

而需求端呢？有流量的供给就有流量的变现。企业对于流量的诉求越来越大，获取流量越来越难、越来越贵。尤其是现在用户的注意力是分散的，在流量总量不变的前提下，每个板块之间的流量竞争也在不断加剧且相互渗透。如果把互联网整个流量比喻成一条长河，社交化流量现在独占鳌头，其次才是各大App的平台流量，所以目前是打造以私域流量为核心项目的最佳时期。

> 私域流量运营已成为企业增长关键。
>
> ——刘翌（加推科技联合创始人）

第四节　企业要用好私域流量这把"双刃剑"

私域流量的崛起，其实是用户需求升级的必然结果。在移动互联网时代，谁有流量谁就可以号令诸侯。有时候我也会吐槽创业项目过多，导致存量市场遭受挤压，但仔细思考一下，其实这并不是最主要的原因，社会的话语权一直都在行业巨头手中。当然，流量红利的消失也给存量市场带来一定的压力。相关数据显示，京东、天猫、拼多多的获客成本已经达到400~800元。在这种生态背景下，挖掘私域流量，对于企业和品牌来说其实是生死攸关的事情。

分析来看，企业运营私域流量最主要的目的是解决两个问题。

（1）如何让自己离消费者更近。

（2）如何让自己更懂消费者。

以前，企业的运营体系主要建立在自身效率的基础之上，一般先考虑自己有什么、适合什么，再采取对应的措施，这种做法在线下门店尤为突出。在"总部—区域—门店"的架构方式中，让内部效率最大化的方式就是提高内部信息的传输和处理速度，而不是采用数据驱动。

这里也需要承认，以前采集数据的方式和路径还是很少，甚至可以用"稀缺"来描述，所以如果企业开始尝试做私域流量，首先需要解决的就是意识问题和商业思维的变化问题。思考用科技数字化现有流程和用户运营前置的方法，提高资金、信息及供应链的运营效率，优化与用户的互动，只有这样才能获得更大的价值和空间。

私域流量就是一种完整且明确的市场经济行为，把用户运营放在最前面。计划经济则是把商品和供应链的运营效率放在最前面。私域流量的价值主要体现在以下两个方面。

一方面，可以增强品牌认知，提升销售转化率。过去的交易主要以产品为媒介，成交之后买卖双方的交易便结束了。企业不会在用户离开之后，主动与用户建立连接。而私域流量的重点是以人为中心，要求企业将用户"圈养"起来，为用户提供更加完善的服务。在私域流量中，成交并不代表交易结束，而是交易开始，要求强化用户对于品牌的认知，培养用户的忠诚度，并实现口碑传播。

另一方面，可以帮助企业更好地连接和了解用户。微信为人与人之间的连接找到了一个新的世界，为企业提供了一个有效触达用户且可以稳定、直接地与用户交互的双向路径。不管是产品的销售，还是产品前期市场的调研，私域流量都能够更好地让企业生产出受众真正喜欢的产品。用户既是企业和品牌的使用者，也是传播者。在私域流量体系里，能够放大这一层关系，通过社交关系链（如微信群和朋友圈）增加品牌的曝光度和产品的销售量，而这也进一步加强了企业与用户之间的连接。

当然，企业在开始做私域流量之前需要给自己的私域可行范畴进行一定的评估。原则上任何一家企业都可以做私域流量，任何一家企业都可以用"私域"重新做一遍，重点在于找准切入私域的视角。

在我的社群里，一个从事工程阀门行业的朋友向我咨询："你觉得我这个行业如果想要做私域流量，应该从哪里入手？给点建议吧。"说实话，我对于这个领域并不是很清楚。于是，我特意在百度上搜索了一下，发现这个品类有典型的垂直细分市场。而考虑到该行业的工程性质，真正决定使用哪个阀门的是工程的开发商，他们还有另一个名字——包工头。所以，我判断"包工头"就是节点，于是建议他重点抓住这部分人，因为这才是他要去做的核心私域流量。

打造私域流量池并不是一件容易的事。当然，确实也有比较容易打造私域流量池的行业，这些行业一般有以下几个共同点。

（1）高频次。使用频次和购买频次高，则触达次数和跟用户交互的次数就多。这种行业天生就很容易做私域流量，当然这是从直接获客留存的角度来看的。

（2）重服务。交易并不是一蹴而就的，用户需要较长的时间进行决策，带有交互性质的产品能够进一步增强企业与用户的交互。而且从服务和留存的角度看，只要为用户提供更多的价值，就可以提高用户的好感度，让其对你产生更多的兴趣。

（3）利分享。如果用户在收到你的产品之后，能够主动分享，那么你的私域流量池的打造就成功了一半，这就是所谓的商品的社交货币属性。我们在设计产品的时候就需要将这一点考虑进去，只有这样才能增强在私域达成交易的吸引力。

那么，企业做私域流量有什么要求呢？记得阿里巴巴原总裁卫哲针对组织管理曾经提出过"4个在线"原则，即员工在线、产品在线、客户在线、管理在线。而我认为从私域流量的运营角度考虑，还需要添加两个"在线"：营销在线和服务在线。加上老板在线和培训在线，形成新型私域流量的"八大在线能力"：老板在线、员工在线、培训在线、产品在线、客户在线、营销在线、服务在线和管理在线（见图1-9）。企业应该从这8个方面去实现自身私域流量池的打造。

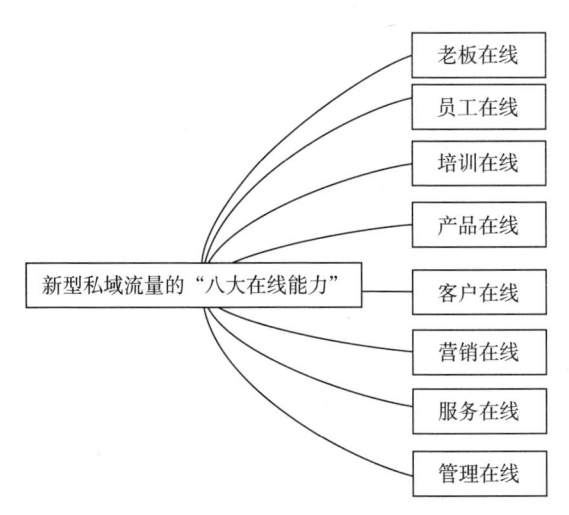

图1-9　新型私域流量的"八大在线能力"

另外，在落地操作的时候，企业内一定要有共识：私域流量的运营需要经历一段培育期，它更像一项跨部门的协同工作。所以，在企业变革的时候，私域流量就是一把双刃剑，很多固化的企业在转型的时候很难平衡以前各大部门的利益点。要知道，任何一家成功的企业都是多方持续精细化运营的结果，并不是光凭热血就能成功的。

很多人都知道那个因为丢了一个马蹄钉而丢了一个国家的故事。1485年，英国国王理查三世面临一场关乎国家生死存亡的战争，最后却因为马蹄丢了一颗钉子，导致军队全面溃败，最后连国家也丢了。

同样，对于企业来说，企业的认知和战略高于一切，而这一切的成败全部取决于细节。当今天的私域流量通过某些渠道开放了适合营销的场景出口时，这让很多企业开始重新思考企业的战略方向。虽说这样能够进一步提升大家对于私域流量的认知，但是私域流量的管理、运营也会因此变得越来越细化，这就要求企业打起十二分精神对待这一问题。

> 人生，和谁一起在路上，看什么风景。
>
> ——王兴（美团创始人）

第五节　个人玩转私域流量的本质

在自媒体时代，再小的个体也有自己的品牌。打造个人私域流量池，直白地说就是树立个人品牌，是打造个人IP的直接表现。对于职场人来说，打造个人IP能够增强不可替代性；对于创业者来说，打造个人IP可以更好地推动企业发展，寻找种子用户；对于自由职业者来说，打造个人IP能够降低沟通成本，提高商业议价能力；对于所有人而言，打造个人IP、玩转私域流量能够让自己活得更加"宽广"。

由于独立的个体通常并不具备"产品体系"和"服务体系"，甚至商业闭环，因此个人私域流量池的打造必然把找流量放在最前面。这是一个好时代，是一个个性鲜明的时代，从行商到网商到微商再到抖商，一一都在证明一个个体崛起的时代已经到来。从另一种角度来看，小微企业或个体依旧处于夹缝生存的状态，而打造个人私域流量池无疑是一个四两拨千斤的手段。

而对于个人私域流量池的打造，我认为应该重点关注以下几个方面。

1. 找准定位，确定发展方向

个人启动做私域流量的第一步就是找到一个准确的切入点，也就是我们所说的定位。明确自己是谁、自己所面向的用户是谁，聚焦某一具体领域，集中发力，以逐步形成该领域的一个特有IP。

谈到悠闲生活，很多人会想到李子柒。她是我国知名美食短视频创作者，是一位曾经被央视"点名"的"网红"。她的短视频内容主要以体现中国的美食文化为主题，涵盖了吃、穿、住、行4个方面。原生态的自然环境、传统的手工技艺，她的每期视频都落到生活实处，非常接地气。在生活节奏日益加快的今天，李子柒所呈现的慢生活成为人们梦想的桃花源。自己种菜、修院子、做被子……她所传递出来的独立自强的精神深深震撼了许多人，她也成了自媒体的一股清流。

可以说，与众不同的定位是李子柒取得成功的关键之一。

需要强调的是，这里的定位不仅要考虑我有什么、我可以做什么，还要重点考虑我的优势是什么。在具体方面，我们可以采用能力模型来思考，根据自己的能力、天赋和时间的交集区域进行定位，如图1-10所示。

人的能力主要受两个因素影响：一个是天赋，另一个是时间。每个人都有自己的优点和缺点，在某一方面都具有一定的天赋，在自己的天赋范围内发展，往往可以取得事半功倍的效果。比如，某人的嗓音条件不是很好，但是在舞蹈方面非常有天赋，他就可以把自己定位为"舞蹈达人"，而不是"歌唱达人"。

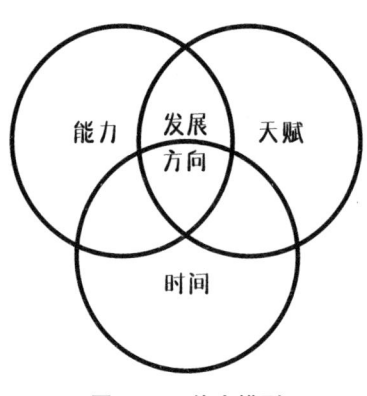

图1-10 能力模型

除了天赋，人的能力还可以通过长时间的积累而获得。比如，在过去的10年中，我一直专注于新媒体的品牌运营，如电商、O2O商业化研究和实战，在这些领域积累了一些经验，有了一些心得体会，这是我以往积累的基础。

总之，无论是个人还是企业，精准的定位都是打造私域流量池的第一步，也是非常重要的一步。关于如何定位、定位要具体考虑哪些问题，我会在第二章进行详细的讲解，这里就不再赘述。

2. 打好标签，告诉别人你是谁

找准定位之后，接下来要做的就是选择赛道上的某一细分领域，为自己打上标签，集中发力，在该细分领域内深耕，抢占用户心智。

同样以上文提到的李子柒为例。其实在我看来，李子柒的成功并不是偶然，而是必然，是靠自己一步步努力得来的。她是一个普通的四川姑娘，最初进入短视频领域时并没有帮手，从拍摄到剪辑，所有的工作都是她一个人完成的，短短10分钟的视频，她可能需要拍摄2小时。和大多数新人一样，早期她的视频播放量并不是很高，但是她并没有放弃，一直在不断打磨自己的作品。直到2016年11月，短视频《兰州牛肉面》的爆火，才使她得到大众的关注。

在商业战场中，只有第一，没有第二，人们只会记得第一个登上月球的人是阿姆斯特朗，但是很少有人记得第二个登上月球的人，所以必须努力成为某个细分领域的代言人。在品牌领域，这种打法就是"品牌=品类"；切换到私域流量领域，就是"IP=细分品"。在用户心中为自己贴上独特的标签，让人一提到这个领域、这个标签就会想到你。

而要想做到这一步，必须有足够坚定的意志，在选择好的赛道上深耕细作，以工匠精神雕琢时代品质，厚积薄发。

3. 多维包装，扩大个人影响力

这是一个酒香也怕巷子深的时代，再优秀的产品也需要适当的营销和包装才能吸引大众的注意力。个人IP的打造，简单来说就是将自己当作产品来运营，提高产品的认知度，因此在这个过程中，一定要注意对自己加以包装。比如，起一个易于记忆和传播的名字。一个好的名字就是你最好的形象代言人，能够降低你的传播成本，加深用户的记忆。在起名时，切忌使用一些生僻字词，要本着简单易记、容易理解、能够引发联想、体现价值等原则。再如，设计一个与品牌定位相关的IP形象，以加深用户的记忆等。

4. 输出价值，提高IP影响力

个人IP的打造，最为核心的就是一定要向用户输出价值。别人关注你一定是因为你能够为其提供其所需要的东西，如快乐、理想、生活技能等。所以，要想让别人关注你，就必须给别人一个关注你的理由，要源源不断地向用户输出高质量的内容，让用户感知到你的价值。

IP是个人玩转私域流量的本质。什么人适合什么IP是有一定考究的，绝大多数品牌都没有机会成为IP。另外，做私域流量将面对各式各样的人，千人千面，因此心态一定要足够好，要能够承担IP打造路上各种各样的挫折，还要足够自律。

> 在精细化运营流量的语境下,从流量焦虑时代进入变现焦虑时代,把社群粉丝变成实实在在的消费群,才是私域流量的本质。
>
> ——朱峰(星站TV创始人)

第六节　私域流量运营人员必备的四大技能

"你觉得私域流量运营人员每天的工作是什么?"很多到企业来访的客户及公众号粉丝都在问我这个问题,而我基本都会反问:"你认为呢?"大家的回答五花八门。有人说以文案写作为主,有人说以策划为主,有人说以运营为主……其实,私域流量运营是一项综合性比较强的工作。我曾与某记者交流,她发给我一个白皮书,里面提到企业组织结构的调整,明确指出6个私域流量领域新设立的部门和岗位,包括微信运营部门、顾客经营部门、直播电商运营部门、私域流量增长运营岗位、私域电商运营岗位。

这些部门和岗位的名称虽然不同,但是如果我们在各大招聘平台搜索相关的运营岗位,就会发现其岗位职责存在很多相似之处(见图1-11)。

我们可以从中提取出几个重要的关键词——角色定位、用户获取、用户激活、流量变现、账号运营及用户留存。这些关键词正是我们实现私域流量运营的整体步骤,也是本书所要讲的主要内容,如图1-12所示。

图1-11 新媒体运营专员的岗位职责

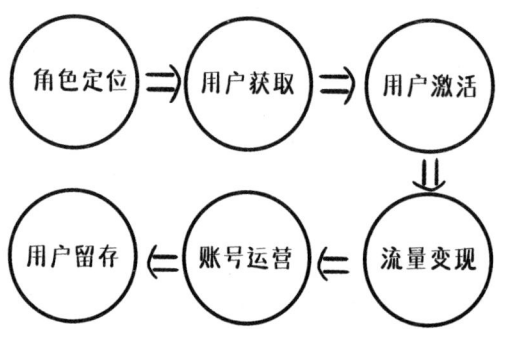

图1-12 私域流量运营的整体步骤

打造私域流量池的第一步，就是对自己进行精准定位，要知道自己是谁、自己所面向的核心用户是谁；然后进行用户获取，将用户从其他平台导入自己的私域流量池中，再进行相应的激活、转化，并实现流量变现及长期有效的运营，最终实现用户留存。能力决定高度，那么，要完成这些工作，私域流量运营人员需要具备哪些核心技能呢?

1. 商业思维

思维方式决定行为方式，行为方式决定命运。互联网时代提倡以结果为导向，在运营过程中，私域流量运营人员要时刻以用户数量和利润的增长为目标，将个人目标与企业目标有效地结合在一起。同时，还要有缜密的思维逻辑，能够用商业思维系统地思考问题。运营可以制造"爆点"取得短期效益，但也需要考虑效益的可持续性。

举个具体的例子。今天计划推出一场活动，你要考虑的绝不仅是如何通过活动在短期内实现粉丝量的激增，还要从更深的层次考虑这场活动对整个企业业务发展的影响，以及有何利弊。

作为一名私域流量运营人员，如果你只是简单地将领导要求的图片修改了，把活动发布了，那你只能是初级运营人员。一名成熟的私域流量运营人员需要考虑的是这张图片对企业形象有何影响，这场活动想要达成的效果是什么。思考的方式不同，呈现的内容将具有较大的差异。

2. 用户感知

你最大的竞争对手并不是同行，而是用户需求，抓住用户才能抓住机会。市场并不是静态的，而是动态的，而市场的改变主要源于用户需求的改变。因此，私域流量运营人员最主要的工作就是精准挖掘用户需求，并将之转化为产品需求。

什么是用户感知？简单来说就是要让用户直接感受到产品的价值。如果用户感知不足，那么即使你做得再出色，也很难吸引用户的注意力。

举个简单的例子。为了使路由器的外观更好看，你研发了新功能，在不影响信号传播速度的情况下，将天线隐藏起来。但是，在大众的认知中，天线越多代表信号越强，所以他们宁可去买外观和信号都不如你的产品，但带有四根天线的路由器，也不愿意尝试你的产品。这是因为你没有让用户感知到你的产品的价值。

如何尽可能地以最低的营销成本满足用户感知，这是私域流量运营人员需要面对的问题，也是其必备的重要技能。

3. 内容创作

内容创作是运营的基石，只有左手用户、右手内容才能走得更长久。这里的内容不仅指文字，还包括图片、视频等。可以说，在私域流量运营中，内容就是你的产品，一切可以向外输出的东西都属于内容。

内容是所有私域流量领域运营的主要载体，其从根本上决定了用户规模及用户忠诚度。内容不好，用户不买账，点击率再高也没用，因为没人喜欢就没办法变现。因此，私域流量运营人员必须有良好的内容创作能力。内容创作的大致流程为：规划选题—搭建内容逻辑—建立素材库—创作内容。

在这个过程中，私域流量运营人员必须拥有足够的市场敏感度和较好的文字编辑能力，保证持续提供具有用户价值且符合用户预期的优质内容。市场敏感度是可以培养的。在日常生活中，我们可以多了解一些行业资讯、专业分析报告、热点新闻和有价值的内容，有意识地积累经验。好的内容需要沉淀，强大的内容创作能力也需要逐步提升。

4. 数据分析

数据是最真实的记录者与反映者。这是一个数字商业时代，数据充斥在运营的各个环节，所有的运营决策都应该基于数据而不是自己的主观判断。通过对数据的分析，我们能够准确挖掘出事物背后的真相，有针对性地解决问题，提高业务能力。比如，你账号上的文章的平均打开率是45%，而某文章的打开率只有30%，那么你需要分析这篇文章出现了什么问题、哪里需要改进。

每名优秀的私域流量运营人员都是好的数据价值挖掘者，懂得用数据支撑工作，用数据思维优化运营。

作为一名私域流量运营人员，一定要将眼光放长远，不仅要考虑眼前得失，还要以持续发展的眼光看待自己的工作。运营工作琐碎，非常考验一个人的综合素养。除了上面几个技能，私域流量运营人员还应该具备团结协作能力。"独行侠"的能力终究有限，团队的力量才是无限的。另外，私域流量运营人员还需要具备自我调节和心理修复能力、想象力与创造力、持续学习能力……运营是一门艺术，更是一门技术——一门需要终身学习的技术。

> **小开给您划重点**
>
> （1）私域流量运营人员应该具备的技能有哪些？
> （2）私域流量池必须是"活水"。
> （3）私域流量的单位。
> （4）企业如何做好私域流量运营？
> （5）明确自己处于一个什么时代和环境。
> （6）IP是个人私域的立足点。

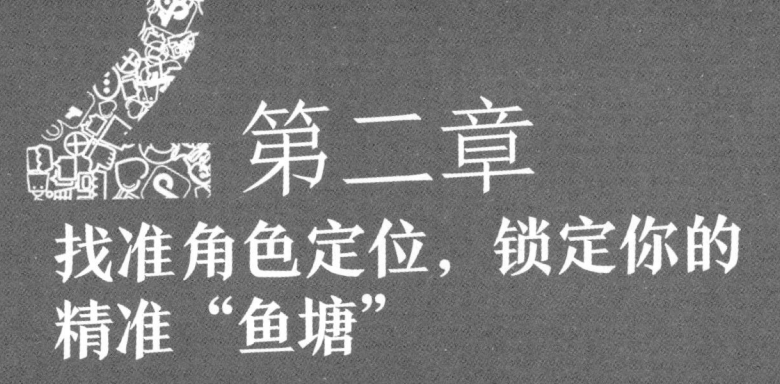

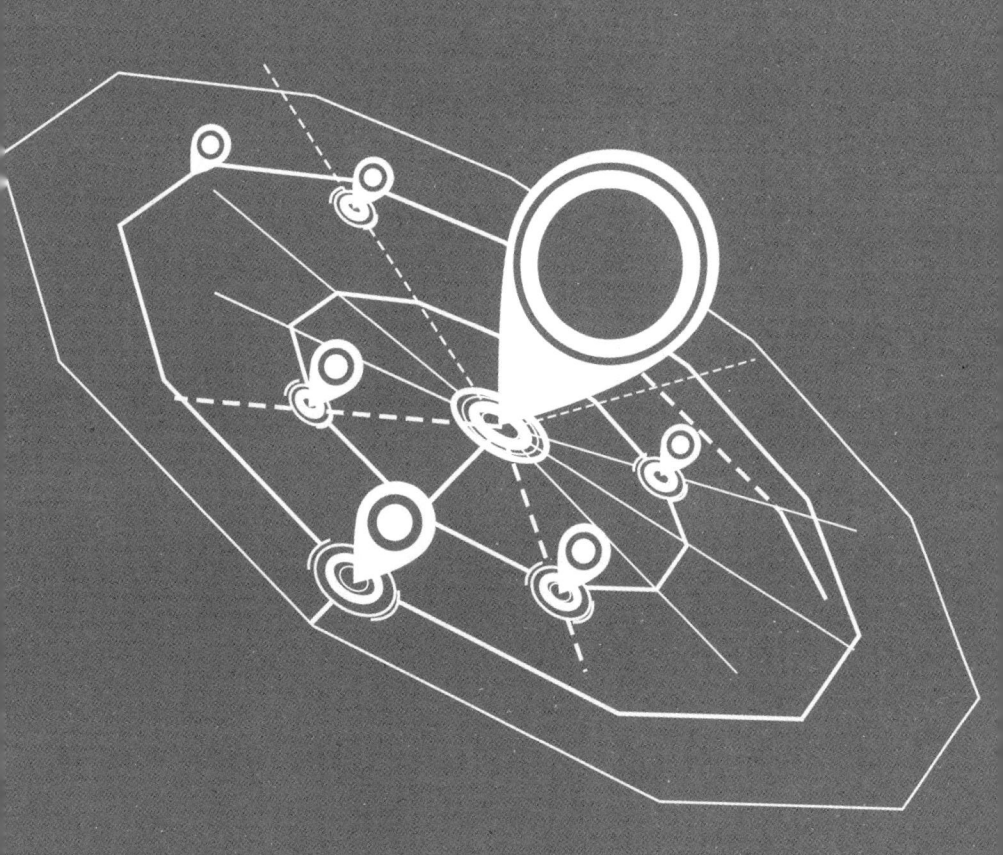

第二章
找准角色定位,锁定你的精准"鱼塘"

定位，从传统意义上说是做差异化竞争，在用户心智中留下难以磨灭的印象。未来，用户心智才是所有品牌争抢的终极资源。

在私域流量运营体系中，构建私域流量池需要从定位开始，且进行"四项定位"，即自我定位、消费定位、竞争定位、环境定位。只有这样才能走好成功的第一步，这也是非常重要的一步。

阅读指引

（1）你为什么要做私域流量？你做私域流量的初心是什么？

（2）你想成为什么样的"人"？你要发挥什么价值？

（3）别人选择自己的真实想法是什么？如果不是价值取胜的逻辑，那你有什么让别人感兴趣的地方吗？

（4）你到底需要什么样的用户？如果你并不清楚，则可以列举出你不需要的用户。

> 定位不是围绕产品进行的,而是围绕潜在客户的心智进行的,因为胜负存乎于潜在客户的心智中。
>
> ——【美】杰克·特劳特

第一节　在用户心智中,给自己贴上一个标签

社会已经且还在发生质的改变!

随着人们生活水平的不断提高,如今全世界都在从供不应求的时代向供大于求的时代转变,市场上各类产品琳琅满目,让人应接不暇。但用户心智是有限的,甚至可以说随着人的注意力的转移和信息传输速度的加快,人对于品牌的记忆更加弱化。不是人们记不住,而是产品太"类同"!通常情况下,同一品类能够让用户记住的品牌平均只有3个。提到牛奶,大多数人首先想到的可能就是蒙牛、伊利。所以,要想在激烈的市场竞争中脱颖而出,就必须抢占用户心智,通过精准定位拉近品牌与用户之间的心理距离,让用户在有需求的时候第一时间想到你。

什么是定位?很简单,定位就是你的产品/品牌在用户心目中的认知。我本来想用"形象"这个词,后来觉得"认知"可能比较贴切。从某种程度上讲,认知的维度比形象更丰富且更具象化。例如,LV(路易威登)和爱马仕代表"贵",我觉得

这个定位必须到用户的"感触"上，而不是LV和爱马仕是奢侈品这么简单。

定位的意义就是找到你与别人不一样的东西，使用户能够准确地将你与竞争对手进行区分。用户心智才是所有品牌争抢的终极资源，才是品牌真正的"护城河"。

私域流量运营体系建立的交互点，本质就是"用户对话"。从这个维度上看，品牌的树立和健全已上升到一个特别重要的位置。所以，第一步就需要做出精准的定位。私域流量池的主角是人而不是产品，所以私域流量定位的中心应该是用户而不是品牌，即并不是告诉用户你是谁，而是让用户从认知上明确你是谁！通俗一点讲就是，要想在用户心智中给自己贴上一个标签，你要考虑的并不是你能够为产品/品牌做什么，而是你应该在用户心中做什么，怎样让用户感知到你与竞争对手的差异，让产品在进入市场之前率先进入用户心智。

那么，到底应该如何通过定位抢占用户心智呢？

1. 领导者定位

所谓领导者定位，就是选择一个局势还尚未明朗、没有出现领头羊的领域，并迅速占据这个领域的绝对领导地位。我认为，领导者定位应该遵循一个非常重要的原则：宁做鸡头，不做凤尾。简单来说，就是要抢占第一。

大家可以思考两个问题：世界上最高的山峰是哪个？世界上第二高的山峰是哪个？大部分人可以毫不犹豫地说出第一个问题的答案——世界上最高的山峰是珠穆朗玛峰，但又有多少人能够准确地回答出第二个问题呢？世界上第二高的山峰是喀喇昆仑山主峰乔戈里峰。所以，人们通常只关注第一是谁，就如上文提及的，大多数人都记得第一个登上月球的人是阿姆斯特朗，却很少有人知道第二个登上月球的人是和阿姆斯特朗同在阿波罗11号登月飞船上的宇航员奥尔德林。

在今天的商业竞争中，真正能够让人们记住的往往不是第一就是唯一。定位成功的秘诀在于要努力在用户心智中挖掘到一个未被占据的定位，并以此作为自己的标签。

举个例子，快手和抖音是短视频领域中用户活跃度较高的两个平台，相比之下，其他后来入场的短视频平台多半只能步其后尘，跟在后面"吃土"。

尽管同为短视频头部企业，但快手和抖音的定位与玩法明显不同。快手的定位更倾向于聚焦普通人生活的记录与分享，以普惠为主；而抖音的定位则以中心化控制引导流行为主，这样更容易催生爆品。正如快手创始人兼CEO宿华说的那样："从本质上说我们和抖音是不同的产品，只是在前往各自终点的路上碰到了一起。"

当然，不论两者的定位差异如何，但其都是在定位上给自己打上了明显的标签。快手和抖音已经成为互联网平台中运营私域流量最重要的两个阵地，而私域互动也成了快手和抖音创作者获得更多收益的最重要的方式。

总之，"宁做鸡头，不做凤尾"原则的核心就是找到一个在用户心智中还没有被打上标签的品类，成为第一。私域流量池的搭建同样如此。在定位上，尽量不要模仿那些已经取得成就的"账号"，模仿容易（好多人甚至还学不会），但是超越很难。你要做的是找到一个还未被充分挖掘的领域并成为该领域的第一，在用户心智中建立品牌认知。

在具体操作上，大家可以重点分析自己品牌的优势，聚焦业务。一般的方式是先做加法再做减法，或者选择自己不能做什么。大家往往很难弄清楚自己能做什么、什么最具优势，但是对于自己不能做什么比较容易弄明白。然后从业务上进行收缩，选择一个自己擅长的细分领域深耕，并做到极致。品类分得越细，竞争越小，越容易成为第一。

比如，你从事的是舞蹈培训行业，如果你将自己定位为舞蹈培训专家，那么你将面临众多竞争对手，很难成为第一。其实，舞蹈可以分为很多种，如芭蕾、拉丁、爵士、街舞等；学习舞蹈的人也可以分为很多种，如幼儿、学生、成人、男生、女生等。根据培训内容、培训对象及培训方式的不同，找到一个自己擅长的细分领域切入，如将自己的定位由"舞蹈培训专家"改为"男生芭蕾启蒙培训专家"，这样你的私域流量就精准定位在"男生领域"。

总体来说，我们在选择一个赛道进行私域流量定位的时候，要懂得思考何为"幂律市场"和"分散市场"。可能有不少人不理解，这里举个简单的例子。成为顶尖高手还是普通人？顶尖高手只有在金字塔塔尖才有成就感，而普通人在普通岗位也能活得舒服、自然。每个工作岗位都有一个私域流量池，每个流量池都能养活一批员工。

有一些行业注定是分散的，谁都不可能占领大部分市场，但做得好也很有优势！合理考虑选择哪个行业可以让你离成功更近。

因此，在具体定位时，应该对品类进行细分，找到一个可以形成自己特色的细分领域，在这一领域形成独家的私域流量池，然后成为该领域的第一。

2. 追随者定位

你的竞争对手就是你最好的老师。在给自己定位时，从竞争对手入手，巧力发挥也是一个明智之举。所谓追随者定位，就是如果你所在的行业已经出现领头羊或占据绝对领导地位的巨头，那么作为新入局者，简单的追赶很难撼动巨头的领导地位，你要做的就是成为一名追随者，并在追随的过程中打造差异化产品或服务。这种差异化可以体现在各个方面，如价格、包装、功能、服务、价值等。通过差异化定位将自己与竞争对手区分开来，以此吸引用户的注意力，借力打力，从而在用户心智中占据一席之地。认知借力的优势就是在某个行业里，用户已有一定的认知，你可以省下很大一部分的"教育"成本！

在这一点上，最典型的案例就是七喜饮料的"非可乐"定位。20世纪60年代的饮料市场，几乎是可口可乐和百事可乐的天下。据了解，在美国，在每销售出去的3份软饮料中，就有2份是这两家企业的产品。在这种情况下，七喜另辟蹊径，以"非可乐"的定位将自己与可口可乐和百事可乐区分开来，同时巧妙借助了可乐在用户心目中的地位：当用户不想喝可乐时，七喜可以成为其替代品。凭借这一定位，七喜成功在可口可乐和百事可乐两大行业巨头的夹缝中生存了下来，并且取得了飞速发展。

总体来说，不论企业借助哪类私域流量平台，其核心还是内容打造。而内容打造的重点在于，你是什么样的人，就会吸引什么样的人。这就要求每家企业都向七喜学习，深刻理解产品/品牌的核心价值，及时了解用户的性格、爱好、习惯等属性，打造IP人设，输出对用户有吸引力的内容，以成功抢占用户心智，形成自己的私域流量池。

在处于竞争白热化状态、巨头环伺下的红海市场中，想要成为第一是一件非常困难的事情。所以，在没有任何资源优势的情况下，千万不要硬碰硬，而是要通过差异化竞争抢占用户心智。

在进行私域流量定位时，除了借助竞争对手的定位，还可以找到其做得不足的地方并在此发力，实现对标第一。

比如，随着互联网的兴起，在线租车的出现打破了传统租车行业"打车难""打车贵"的困境，在线租车的出行方式已经逐步被大众接受，市场上开始涌现一大批在线租车平台。但是大家在享受在线租车带来的便利的同时，也深深地为该行业存在的众多安全隐患而忧心。针对这一点，神州租车快速为自己找到了一个差异化定位——做更安全的专车，以"专业、安全"的标签迅速走进用户内心。通过这一定位，神州租车形成了自己的私域流量池，在租车市场抢占了一席之地。

不要试图做得比领导品牌更为优质，因为在同一领域，用户通常更容易记住"第一",而不是"最好"。所以,最核心的还是应该紧扣差异化,在用户心智中建立自己品牌的强势认知。

如果将私域流量池比喻成一条船,那么进行准确的定位就相当于找到了一个有利锚位,可以帮助你稳定船只,有效抗击风浪,向着目标方向稳步前进。需要强调的是,商业市场瞬间万变,你的生存环境在变化,用户在变化,竞争对手也在变化,所以你必须跟着成长,要懂得给竞争对手做定位,养成关注和分析竞争对手的习惯,并且在这个过程中适时对自己的定位加以调整。

> 我是谁？我从哪里来？我要到哪里去？
>
> ——【古希腊】柏拉图

第二节　我是谁？我从哪里来？我要到哪里去

　　私域流量运营中的定位可以分两个层面来思考：一个层面是自我定位，即在搭建私域流量池之前，你要考虑好自己是谁、是做什么的；另一个层面是用户定位，即你要告诉用户为什么要选择你，你能为其解决什么痛点，你与竞争对手相比优势在哪里。本节的主题就是如何进行自我定位。

　　众所周知，在人类哲学史上有非常著名的"终极三问"：我是谁？我从哪里来？我要到哪里去？而在进行私域流量自我定位时，我认为每个人都应该思考一下这3个问题。

　　（1）"我是谁？"只有正确认识自己，才能找到自己的价值。一切皆服务，这是我一直提倡的一个观点，而服务的来源则是具体的生活场景和生活方式。因此，你必须明确自己到底属于"哪个品类"和"哪个场景"，只有这样才能确定自己可以产生什么样的价值，从而做好后续的输出和服务。

　　（2）"我从哪里来？"任何产品或服务的诞生都源于用户需求，因此在定位时一定要考虑用户需求从哪里来。每个流量的背后都有一个真实的人和需求。

（3）"我要到哪里去？"你的最终目的是什么？你要怎样解决这些需求，最终向用户输出你的价值？除了第一层的直接需求，你还可以提供什么？

这三问其实是一个人自我拷问、自我探索、自我认识的过程。很多人曾经问我："我是××行业的，你觉得我是否适合做私域流量呢？"其实，人天生是利己主义者，再好的产品和话题，如果和你不相关，那你也不会产生兴趣。所以，很多时候评判一个人、一家企业是否适合做私域流量，还是应该基于其自身的基因，这也是必须进行自我定位的原因。你的基因、你产品的属性决定了你所面向的用户群体，决定了你的运营方向和方式。

私域的定位要清晰明确、有辨识度，在定位之前，要思考你想要用户在心智中为你贴上一个什么样的标签。换句话说，你想要在用户心中成为什么样的人？要先在头脑中建立一个明确的个人画像，这是你走进用户内心非常重要的一个环节，如图2-1所示。

图2-1 建立个人画像

那么，具体应该如何做呢？

1. 自我分析，确定自身优势

对自己进行一个尽可能客观、全面的分析，找到自身的优势和劣势，做到扬长避短。在优势确定上，你可以秉承一个原则：整合资源，发挥特长，挖掘潜力。首先，对现有资源进行整合，了解自己拥有哪些可以利用的资源，如人脉、经济实力等；然后，尽可能找到自身特长，如有表演天赋、擅长唱歌、懂得心理学等；最后，在现有资源和特长的基础上，挖掘可以开发的潜力。人的潜力是无限的，绝大部分都需要挖掘和开发，所以你可以不断尝试和突破，以挖掘出更多的潜力。

"黑脸V"是抖音早期为数不多的技术流用户之一，他的每条视频都力求通过新奇的创意和高超的剪辑与合成技术为用户带来不可思议的视觉效果，因此受到很多人的追捧，其抖音粉丝已经超过2000万人。"黑脸V"成功的很大一部分原因在于，他准确地将自己善于剪辑与合成的技术优势融合到了产品中，通过准确定位将用户导入自己的私域流量池，后续通过用户精细化运营留住流量，最终促进用户的转化。

再举个例子。前面提到的李子柒也将自身优势充分融合到了自我定位中。受成长环境的影响，她从小就掌握了很多美食的做法，拥有极强的动手能力，这就是她的自身优势。李子柒通过自身优势拉近了和用户之间的距离，在彼此间建立了信任和情感联系，之后又深耕这部分存量用户，这也是构建私域流量池的基本逻辑。在这个过程中，李子柒和用户之间建立的是强联系。也就是说，她卖的不仅是货，更是情感和人心。

毋庸置疑，将自身优势融合到私域流量定位的打造过程中，更容易确立自身在用户心智中独一无二的位置。

2. 明确自己的位置

通过自我分析找到自身优势之后，还要明确其位置。这里的位置指的是你所面向的目标用户是谁和你想要给目标用户带来怎样的影响。把优势和位置结合在一起，就是你的个人画像，这也是自我定位的一种方法。

如果你是一个非常喜欢表演的人，你认为自己的优势是有表演天赋，那么你到底是想要让大众觉得你是一个善于模仿的人，还是想要让演艺界注意到你的特长，从而有机会成为一名演员呢？其实，只有将两者结合在一起，才能形成你的最终定位。

简单来说，找到位置就是在打造私域流量池时为自己设立一个长期目标，即你想要达到的效果。

3. 目标拆解，让成功循序渐进

私域流量池的打造是一个长期的过程，目标的实现也需要循序渐进。在具体的实施过程中，你可以将长期目标拆解成多个可短期实现的小目标，就像长跑比赛时给自己设立一些阶段性目标，将漫长的赛程拆解成多个短距离的小目标，然后一个一个去攻克，直至跑完全程。这样做的目的是让目标的实现过程落地。

4. 检验并调整定位

很多人认为，定位一旦确定就不能改变，事实上这种想法是错误的。定位是动态的、多元的。杰克·特劳特的《定位：

同质化时代的竞争之道》一文的英文标题是"Positioning is a game people play in today's me-too market place"。这里的"定位"，他用的是Positioning，而不是Position，是一个动词，翻译过来就是"定位中""持续定位"。所以，定位本身就是动态的，在私域流量里，企业需要实时地调整定位。

抖音初期的Slogan是"让崇拜从这里开始"，当时抖音对自己的定位是"弘扬个性"，给用户提供一个展示自我的机会。而随着大众审美的提高，以及国家监管压力的增加，2018年，抖音对品牌进行了全面升级，其Slogan变为"记录美好生活"，其定位也从"弘扬个性"变成"传达对美好生活的向往和感恩"。

2020年4月8日，抖音电商总裁康泽宇重新定义了抖音电商："抖音电商是一种新的电商形态——兴趣电商。"何为"兴趣电商"？抖音官方是这样定义的：一种基于人们对美好生活的向往，满足用户潜在购物兴趣，提升消费者生活品质的电商。

所以，定位并不是一成不变的，在实现长期目标的过程中，需要根据自身发展的实际情况，不断对其进行检验和修正。

从某种角度来看，自我定位就是为私域流量量身定做的"人设"。在自我定位的过程中，最重要的是利用一切优势突出自我，提高自己的辨识度，只有这样才可以破圈，在用户心智中占据有利地位。

总结一下，自我定位应该具有两个特点：第一，要清晰明确、简单好记，只有这样才更容易在用户心中留下印记；第二，要有足够高的辨识度，只有这样才能打破同质化的桎梏。

> 定位是寻找心智之窗的一套有组织的体系。它以这样的一个概念为基础，即传播只有在正确的时机和环境下才能实现。
>
> ——【美】杰克·特劳特

第三节 我找谁？TA从哪里来？为什么要来

很多人在进行私域流量定位时，都喜欢从自身角度出发，看自己有什么和能做什么，然后根据所谓的定位安排计划。然而，在如今的市场经济时代，定位的中心已经发生了改变，这是因为供求关系发生了改变，用户成为商业的主导方。

1. 私域流量的定位

如今，定位的中心不再是产品/品牌，而是用户。所以，在进行私域流量定位时，你不仅要考虑个人画像，进行自我定位，更重要的是从用户的角度出发，思考"我找谁？TA从哪里来？为什么要来"。也就是明确目标用户、用户获取渠道及用户目的，准确地将自身需求与用户需求结合在一起。用户定位的三大步骤如图2-2所示。

（1）明确你想要服务的用户。构建私域流量池的关键在于实现用户的增长和留存，而增长的前提是明确你想要服务的用户，也就是解决"我找谁"的问题。如果你不知道自己想要服

3. 场景前置，明确用户需求

2. 明确能够触达和影响他们的渠道

1. 明确你想要服务的用户

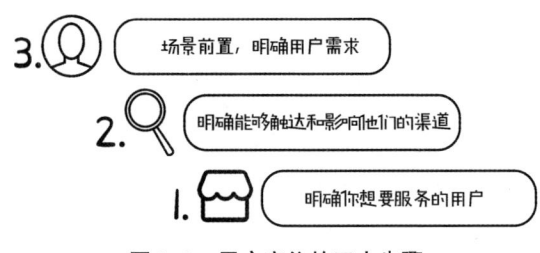

图2-2　用户定位的三大步骤

务和影响谁，不知道谁是自己的目标用户，那就谈不上增长和留存了。而目标用户的精准筛选，是一件需要深度思考的事情。很多时候，你所认为的目标用户并不是你真正要找的人。

有一次，我和一个粉丝交流。这个粉丝从事的是高端西服定制行业，他向我阐述了其产品的优势。我问了他一个问题："你的用户是谁？"他回答："男性。"我又问："你确定所有男性都是你的用户？"他想了想，说："应该是30~50岁的男性。"我说："还可以再具体点吗？"他又想了一会儿，告诉我："确切地说，应该是30~50岁、生活在一线城市、年收入50万元以上的男性。"

这样一来，其目标用户的基本属性就明确了，但是我认为还不够具体，于是又问他："有没有这样一种可能，符合所有描述条件的用户从来都只穿休闲服，不穿西服？"他说："有可能，我的用户中商务人士多一些，且大多从事的是金融、法律、互联网行业。"我又问："那么，这样的人中，有没有人只相信线下定制，从来不在线上购买西服？"答案也是肯定的。

根据上面的案例，我们可以得出一个结论：很多时候，我们在对目标用户进行筛选时，不仅要考虑用户的基本属性，还要考虑其行为属性和认知属性，只有这样才能得到更为精准的目标用户定位。

当然，要想让目标用户定位得更加精准，不能单纯依靠自己的分析。在产品刚起步时，可以通过调研、测试等一些市场化的方式辅助定位。在产品运营一段时间、有了用户之后，还可以借助一些技术工具对用户数据进行收集、分析，如了解用户更多相似的属性和行为等。目标用户定位得越精准，越容易找到要找的人。

（2）明确能够触达和影响他们的渠道。明确了谁是你要找的人，接下来要解决的问题就是"TA从哪里来"，要找到目标用户聚集的地方。如果你是卖母婴用品的，就要去一些"宝妈"聚集的地方，如一些早教或育儿的微信群、育儿论坛、育儿App等。优质的用户获取渠道，是用户量增长的必要保障。

具体来说，可以参考以下几个地方。

①竞争对手。无论你处于哪个行业，你的竞争对手那里都是最佳的用户聚集地。比如，你推出了一个关于手工制作的短视频账号，那么对这类视频感兴趣的用户最有可能集中在哪里？当然是平台上其他同类账号那里。

②互补商业伙伴。什么是互补商业伙伴？就是你们的产品或服务不是同一品类，不存在利益冲突，但是你们所服务的用户类型相似。

比如，你有一家儿童摄影店，你所服务的用户是有儿童的家庭，你应该去哪里找？答案很简单，就是月子会所和儿童培训机构。你可以和这些互补商业伙伴进行异业合作，给他们的用户提供一些优惠条件，如凡是该家月子会所的用户，来你店里可享受满月套餐照一套。这是我亲身经历的案例，在定月子会所的时候，其赠送的摄影套餐反而是其亮点，而且还能提供上门拍摄服务。

有人会问，他们靠什么赚钱？其实，用户在拍照的时候，并不能选择全部照片，肯定有多余的照片需要留存，那么这就是赚钱的点之一；另外，用户还可以选择加印；再者，如果用户想要所有的电子版照片，告诉他再预订一个100天或1个月的拍照计划，就可以全部赠送。从某种角度来看，用户觉得反正都要拍，接受商家的方案还能拿到全部电子版照片，一举两得！

③行业平台。如果你是卖母婴用品的，就要去一些育儿论坛、育儿App；如果你是卖汽车的，就要找到与汽车相关的社群、网站、App等。

（3）场景前置，明确用户需求。在探寻用户的来源时，一定要注意场景的前置，了解用户为什么要来。什么是前置？比如，A是你公众号的粉丝，是你的私域流量，他是通过抖音这个渠道关注你的，那么你就要追溯他是被抖音的哪条视频引来的。再如，你在天猫上开了一家店，B是你店铺的粉丝，那么你就要追溯他是通过购买你的哪个产品成为你的粉丝的，或者是否是通过朋友推荐来的。如果是朋友推荐来的，那么你还要追溯朋友推荐的是哪个产品、是怎样推荐的。无论用户是否和你产生过联系，你都可以探寻其前置场景。你的前置场景描绘得越细，用户画像就越立体，就越容易实现用户留存。

用户要做什么的背后其实就是用户需求，所以追溯前置场景最重要的目的就是挖掘出用户的真实需求，再针对用户需求对产品或服务进行定位，持续稳定地向用户输出价值，以实现用户留存。

搭建私域流量池的核心就是通过精细化运营深度服务用户，对不同的用户采取不同的服务策略，使老用户的价值发挥到极致。所以，在进行私域流量定位时，一定要多思考用户为什么要关注你，用户行为背后的意义才是用户真正的需求。

在私域流量大行其道的今天，试水私域流量的个人和企业数不胜数，但是真正将私域流量的价值发挥到极致的寥寥无几。为此，很多人表示疑惑：为什么我花费了那么多财力、物力、人力来布局私域流量，效果却非常一般呢？其实根本问题还是对私域流量的认知错误。

2. 私域流量的误区

在和粉丝交流的过程中，我发现了一件事情：很多人其实并不明白自己搭建私域流量池的真正目的和价值是什么，仅知道自己需要流量。最直接的体现就是，这些人在做私域流量的时候，往往将大部分精力用到了引流上，却并不注重流量的后续运营工作，导致其流量虽多，但是流量的转化率和复购率非常一般，自然无法通过私域流量获得高收益。所以，如果你的私域流量一直做不好，不妨静下心来思考一下，看看你对私域流量的认知是否正确。

我认为，私域流量运营对商业的定位或项目的定位有两条线：一条是"强变现"，另一条是"长变现"。可是很多人在做私域流量之初，就陷入了误区，以致无论如何努力都始终无法取得理想的效果。

结合个人经验，我认为私域流量最常见的误区有以下几种，如图2-3所示。

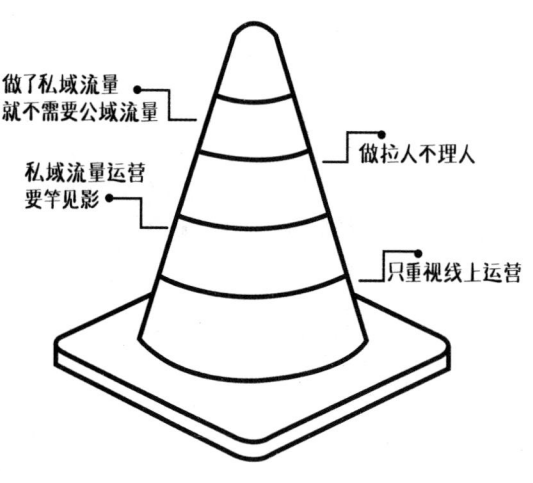

图2-3 私域流量的四大误区

（1）做了私域流量，就不需要公域流量。曾经有朋友和我说："既然现在公域流量这么贵，又这么难获取，而私域流量有这么多好处，那么我以后就专心做私域流量，不管公域流量了。"我相信有这种想法的人绝对不止他一个，很多人和企业在尝到私域流量的甜头之后，都开始将自己的运营策略从公域彻底转向私域，甚至完全放弃公域流量，其实这种做法是错误的。

私域流量并不是零门槛的游戏，特别是对于新品牌而言，如果没有强曝光，没有前端公域流量的导入，如何谈用户关系的维护和老用户的经营？在我看来，公域和私域其实更像一套组合拳，公域流量的获取是获客基础，而私域流量的运营则更像一个长期的、有温度的营销过程。只有将两者结合，才能取得更为理想的效果。

（2）只拉人不理人。一定要明确一点，我们搭建私域流量池的根本诉求不仅是吸引流量，更重要的是实现流量的留存和变现。前面曾经提到过，私域流量运营的本质是用户关系运营，私域流量池要建立在为用户创造价值的基础上。所以，当流量进来以后，一定要及时给予响应，与用户进行有效的沟通。用户的信任时长是有限的，所以必须在合理的时间内、合理的情况下快速为其答疑解惑，只有这样才能找到用户的真实需求。

换句话说，绝不能只把私域流量当作流量，私域流量的运营应该是有温度和人情味的。运营私域流量的最高境界就是和用户实现情感连接，让用户信任你。千万不要给用户营造一种"我把你当朋友，你却把我当私域流量"的感觉。

在这一点上，有一个非常典型的案例——完美日记。当用户关注完美日记的微信公众号"PerfectDiary完美日记"后，该公众号会引导用户添加专属售后个人微信号，目的就是向每位用户提供更为周到的服务，与用户建立深层连接（见图2-4）。

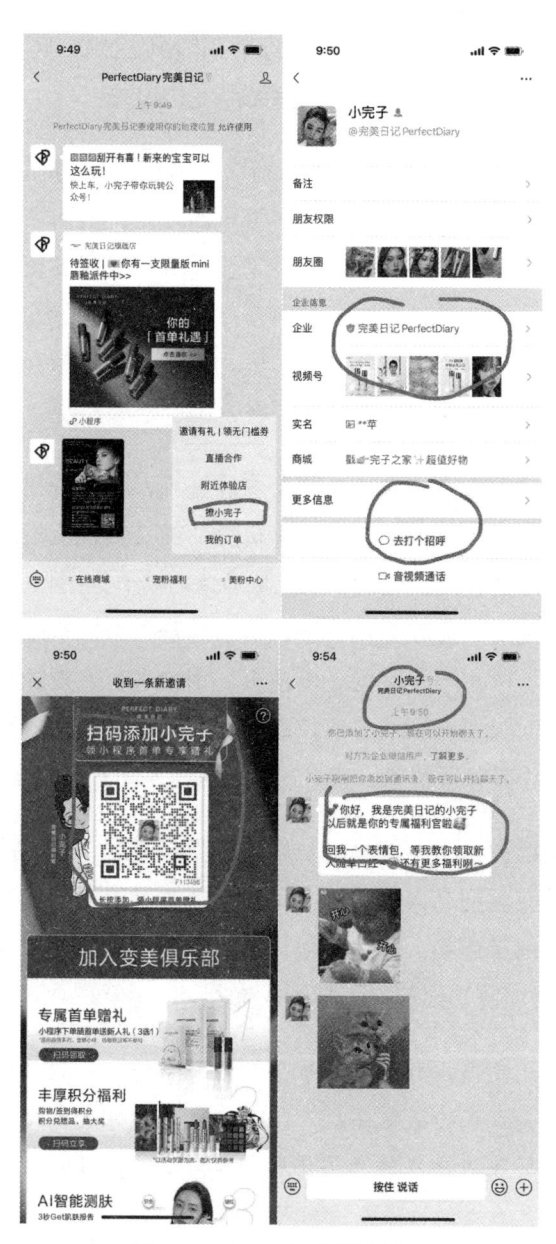

图2-4　完美日记的引流渠道

完美日记拥有上百个个人微信号，所有账号都有一个统一的人设"小完子"。在IP打造上，所有的"小完子"头像、朋友圈封面、朋友圈内容、商品海报等对外都是统一的真实形象。在提供干货及妆容分享的同时，"小完子"还会推出直播化妆、抽奖、低价秒杀等活动来吸引用户的注意力，加强与用户的互动。

除此之外，"小完子"还会定时跟用户说"晚安"，在一周年纪念日时会向用户发送感谢信，给予用户足够的尊重，让用户感觉到被关心。我有一篇深度分析完美日记的文章《百亿完美日记是如何玩转私域流量的》，通过我的微信公众号"陶小开"即可查阅。

要想真正做好私域流量，一定要杜绝传统的"一次性买卖"的交易思维，要知道，付款是起点，而不是终点。另外，要以用户思维为主，关注每位用户生命周期的总价值；要能够与用户建立深层连接，尽可能地延续每位用户的生命周期。通过私域培养用户的忠诚度，并利用老用户带来更多的新用户，实现持续裂变，从而发挥私域流量的真正作用。

（3）私域流量运营要立竿见影。这里其实讲的是即时反馈效应，不是说做了私域流量就能够快速、更好地触达用户。私域流量不是特效药，不是短期利益，不要妄想今天做了私域流量，明天就能进行收割。

私域流量运营的本质是用户关系运营，这是一项持续、长期的工作，不可能立竿见影，短期内就会得到明显效果，实现大量转化。私域流量运营一定要摒弃短期套利的想法，追求对用户的精细化运营，要和用户培养长期、稳定的关系，通过针对性营销，在交互的过程中实现对用户潜移默化的影响，促使老用户主动介绍新用户。

（4）只重视线上运营。一提到私域流量，很多人首先想到的就是微信。微信是流量运营的一个载体和工具，也可以称之为"生态"。包括我自己在内，在私域流量的运营上一直将微信看作最重要的基地。但是，微信绝不是私域流量运营的唯一工具，我们更不能简单地将私域流量运营理解为微信运营。私域流量运营的线上工具有很多，包括微博、抖音、快手、知乎、小红书等，你所能想到的所有社交平台几乎都可以作为搭建私域流量池的基地。

随着线上流量变得日趋昂贵，线上流量的竞争愈发激烈。其实，私域流量运营并不局限于线上，流量的核心是"人"，只要有人的地方，就有流量，所以私域流量运营可分为线上和线下。但是在实际运营过程中，线下导购、地推引流等线下私域流量运营活动常常被人们忽略。其实，对于很多企业与品牌来说，线下私域流量的获取与运营同样重要，需要得到大家的重视。

对于线下门店来说，很多时候不论是门店入口的流量，还是社群的流量，都是重要的流量来源。

所以，线下门店想要获得流量，就必须学会将这些流量引到自己的场景中。多渠道引流是建立线下私域流量池的第一步。线下门店不用追求没有效果的曝光，但要追求引流，以引导用户进入线下私域流量池。

在今天这个消费升级的时代，情感是影响用户消费决策的非常重要的一个因素。要想通过私域流量实现效益的快速增长，就必须洞察私域的底层逻辑，系统布局私域流量，围绕引流、转化、留存、变现等多个环节逐个击破运营难题，与用户建立长期关系，千万不能奢求一蹴而就。

> **小开给您划重点**
>
> （1）在进行私域流量定位时，要知道用户的前置场景需求，即你在触达他的时候，他的前置场景需求是什么样的。
>
> （2）信任是商业合作的基础。当新增用户有压力时，与互补商业伙伴合作其实是最优的选择。
>
> （3）私域流量分"强变现"和"长变现"。
>
> （4）千万别忽视"线下的力量"。
>
> （5）你提供的服务一定要是一套方案，只有这样才有最大的价值。
>
> （6）定位、标签、人设是一切商业的前提。

第三章
裂变增长,换一种角度切入私域

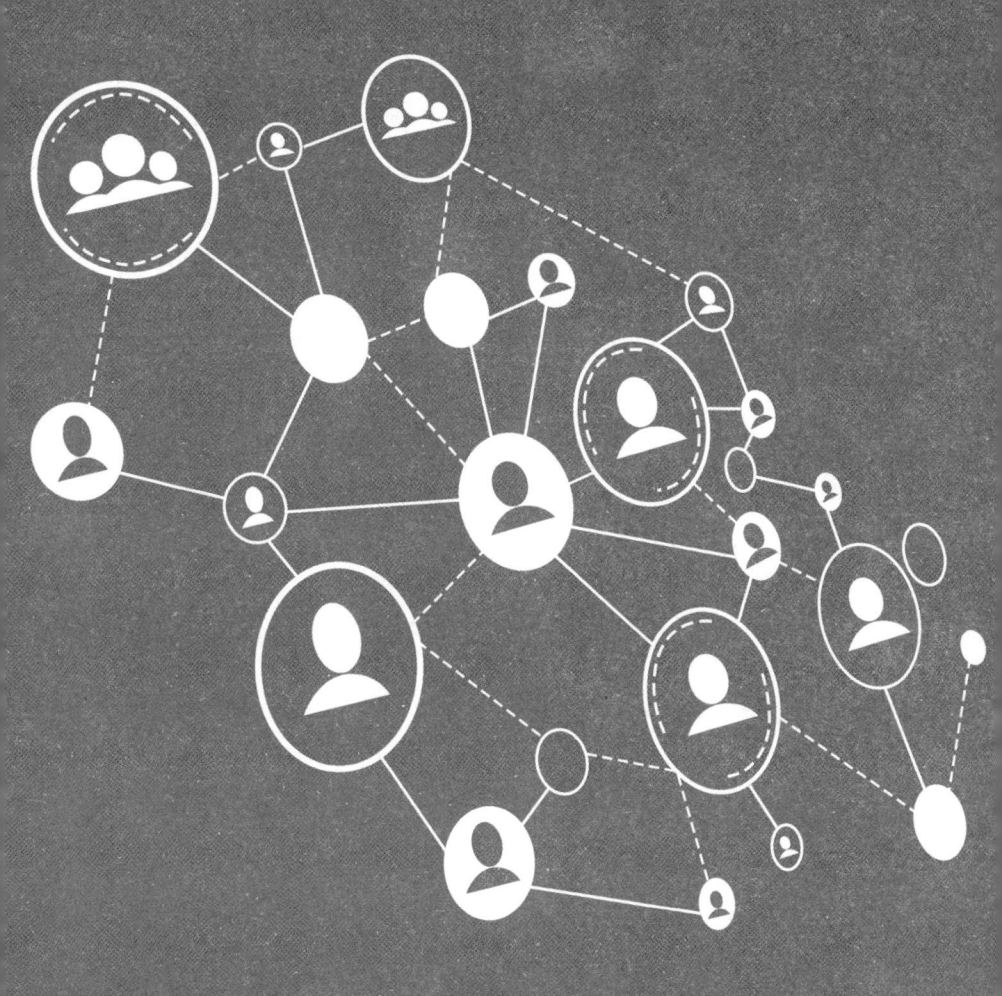

私域流量运营的本质是用户关系运营，没有用户基本就无法谈私域的逻辑。而用户的获取和增长是私域流量运营的开端。流量池的增长是每个运营人员和运营品牌都非常关心的难题。除了长远、温和的方式，也可以采用裂变增长的手段来解决这个难题。

　　流量池的增长有底层逻辑，更需要方法论指导。特别是裂变增长的核心——围绕有价值的用户有序裂变，而非盲目增长用户量。只有这样才能让获客成本降低。

阅读指引

（1）盘点手中的用户，了解用户画像能实现裂变增长。

（2）裂变有很多方式，有什么方式就用什么方式，选一种做到极致就是最好的方式。

> 努力成为一颗大到可以靠核聚变发光的恒星,而不是一颗短暂绚烂过的流星或者一颗长久存在但自身不会发光的行星。
>
> ——王兴(美团创始人)

第一节 裂变增长的底层逻辑

裂变是非常关键的一个获客手段,其成本低且效率高,因此一直深受营销领域欢迎。什么是裂变增长?就像细胞的分裂一样,一变二,二变四,四变八……从而实现指数级增长。裂变需要动力头,引发用户裂变的方式主要有以下4种,这也是裂变增长的底层逻辑,如图3-1所示。

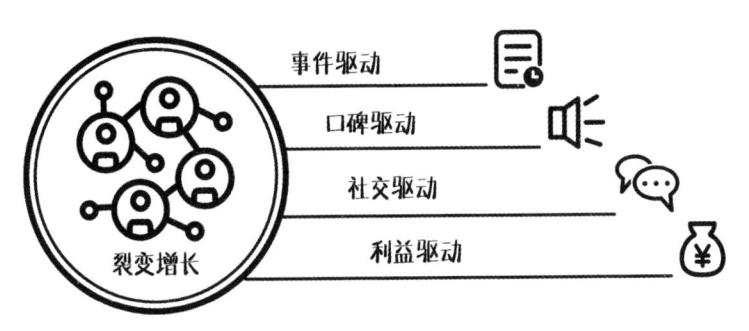

图3-1 裂变增长的4种底层逻辑

(1)事件驱动。这里的事件驱动,主要是指将自己的产品或服务与一些在某领域内有一定影响力的人或热点事件结合在一起,实现借势宣传,让自己的产品或服务以最快的速度传播出去。

（2）口碑驱动。用户口碑就是最好的营销条件，所以在进行品牌推广时，要注重打造超预期的用户体验，让用户与品牌产生情感连接，自愿为其宣传。

（3）社交驱动。人类是群居动物，社交是其根本需求。出于炫耀或寻求认同感和归属感等心理，人们通常非常愿意自主传播一些创意十足、有意义的活动。

（4）利益驱动。利益是驱动人们从事各种活动的动力，所以红包、优惠等适当的利益可以有效激发人们的分享欲望。

基于以上4种逻辑，我认为在私域流量运营的过程中，裂变活动的策划可以参考以下6种主要模式（见图3-2）。

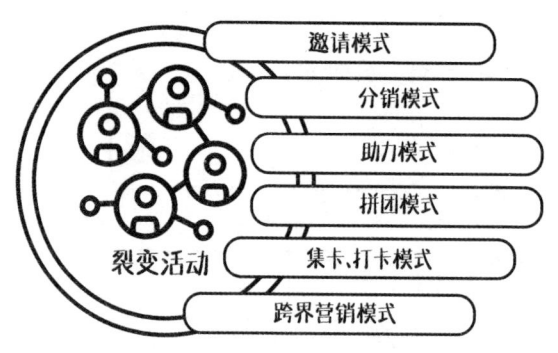

图3-2 裂变活动的6种主要模式

（1）邀请模式。邀请模式指的是只要老用户邀请到一位新用户，邀请者和被邀请者都可以获利。

举个简单的例子。一位老用户邀请到了一位新用户入群，新用户可以得到首单减10元的优惠，而只要新用户下单成功，这位老用户就可以得到5元返现奖励。如果被邀请者没有购买的需求，也可以放弃购买，但是他同样可以充当邀请者，只要其邀请到的人下单，他就可以得到相应的奖励。

这种模式就是通过对老用户资源的利用来获取新用户。这样一来，邀请者和被邀请者都能从中获利，这是邀请模式最常用的逻辑。

从某种角度来看，邀请模式其实就相当于我们常说的"老带新"，这也是实现裂变最快的方法。在具体设计上，我们还可以采取分级奖励的模式，如邀请者邀请人数达到3人，还可以额外获得10元返现奖励，这样可以激发用户的邀请热情。这种模式在K12领域应用比较多的就是设定一个"资料包福利群"或"课程免费体验群"。

K12是一家在线教育公司，它的用户转化路径很简单，就是"新用户注册—购买低价引流课—购买正价系统课"。对于购买过低价课或正价课的老用户，K12会举行邀请有奖活动：老用户邀请新用户购买9元低价课，可以获得对应的积分。只要邀请一位新用户就可以获得近9元的积分奖励，这些积分累积之后可以兑换礼品。

这家公司之所以这样做，是因为这些老用户已经是其私域流量，对公司的产品和课程比较了解，通过他们邀请新用户本身就有一定的信任度，这样成功率会更高，最终实现运营的目的。

（2）分销模式。在移动互联网时代，万事万物都可以分销。用户只需要按照活动要求，将产品推荐给好友，好友购买后，推荐者就可以得到一定比例的佣金。

比如，很多商家早期都是凭借品牌方和电商平台的一件代发模式来实现发展的。用户不用囤货，只需要分享链接，就可以让身边的朋友进行选购，同时自己可以拿到利润分成。对商家来说，这种模式不仅可以增加产品的销量，还可以降低库存积压的资金流风险，提高产品的流通速度。

活动运营人员可以根据自身需求自行设置奖励比例及分销的层级。对于只举办单次活动、用户消费频次较低的产品或平台，可以采取一级分销模式；而对于那些长期经营、用户消费频次较高的产品或平台，则可以采取多级分销模式。

在多级分销模式下，你邀请来的用户是一级用户，你的一级用户邀请来的用户是二级用户，二级用户下单，你同样可以获得一定比例的佣金（通常低于一级用户的下单佣金）。

需要强调的是，分销模式和邀请模式不同，分销模式只有付费用户才能参与。

（3）助力模式。助力模式非常容易理解，就是分享者从自身利益出发，通过分享，在好友的帮助下获得某种福利。比较常见的方式有点赞、投票、砍价、拆红包等。

"亲爱的，麻烦动一动手指，朋友圈第一条帮忙点赞，谢啦！""家人们，麻烦大家点开链接给12号投票，万分感谢！"相信很多人曾经都收到过类似的消息。分享者积累到一定点赞数或票数排名前几位，就可以享受某种福利，如免费领取某个礼品、享受购物优惠价格等，这样可以让产品信息有效传达给更多的潜在用户。

而对于砍价、拆红包相信大家也不陌生，即用户可以通过邀请好友帮忙砍价、拆红包等方式，达到免费领取产品或红包的目的。在这两点上，拼多多做得非常成熟，如拼多多的"砍价免费拿"和"天天领现金"活动，应用的就是这一逻辑。

在设置这类活动时，前几个人的助力效果的设置非常关键，一定要给用户营造一种"马上就成功了"的感觉。比如，砍价第一刀就要砍90%以上；拆100元红包可以提现，第一个人就要拆到90元。

（4）拼团模式。随着产品的信息过剩和用户选择的成本增加，品牌的获客成本也变得越来越贵。在这种情况下，很多传统电商企业的路越来越窄，这时候，大家便开始借助于拼团、分销等多样化的社交运营模式，让流量实现快速裂变。其中，拼团模式就是非常典型的一种社群裂变模式。

所谓拼团模式，就是邀请者发起拼团，与同样有购物需求的好友一起享受拼团福利，达到低价购买产品的目的。成团人数不一定，可以是2人，也可以是3人、5人，具体要根据产品的受众属性、优惠力度来决定。

对于用户来说，拼团能够使自己获得享受超低折扣的机会，这不仅是一种生活的方式，更是一种生活的乐趣。也正是因此，很多用户热衷于将产品及商家信息与朋友进行分享和讨论。

（5）集卡、打卡模式。这里主要以集卡为例。集卡活动的主要目的在于促进用户与用户之间的交流，以此实现有效拉新。

比如，以前很多人在吃小浣熊干脆面时喜欢集水浒英雄卡，如今很多人喜欢在支付宝上集五福卡，这些都是集卡的活动形式。

集卡活动就是让用户以某种形式，如做任务、好友交换等，随机获得某种卡片，最终凑齐卡片后领取福利或瓜分福利。通过这种方式可以吸引更多的用户一起参与，将潜在用户转变为私域流量，最后成为忠诚的留存用户，从而达到营销的目的。

（6）跨界营销模式。跨界营销，这里也可以称为异业合作，指的是两种及两种以上不同行业的品牌，通过分享资源实现低成本、高效率获客的一种营销模式。这种模式的好处在于，通过不同品牌之间的强强联合，可以有效突破发展局限，让合作方获得"1+1>2"的收益。

IP授权联名是跨界营销中最常见的合作方式之一。阿里鱼IP研究中心与阿里数据共同发布的《2020天猫"双11"IP电商指数报告》显示，在2020年天猫"双11"购物节期间，IP授权商的销售额呈现明显的增长趋势。无论是商家还是消费者，对于IP授权商品的认可度都在持续提升，参与热情也在持续高涨。

谈到IP授权联名，完美日记可以算得上是其中的佼佼者。自品牌创立开始，完美日记就一直不断推出联名系列产品，从2017年的完美日记×Pom&Co石榴集米兰时装周限定印花系列、完美日记×徐一卫联名彩妆礼盒东方罂粟系列的推出，到2020年完美日记×李佳琦萌宠Never合作款"小狗盘"眼影、完美日记×李佳琦羽缎粉饼的上市，这一系列的操作有效帮助完美日记提升了品牌影响力，同时获得了一大批专业人士的权威背书。跨界营销的好处显而易见。

通过这些走心、真正做好产品的跨界营销，完美日记为自己不断创造着附加价值，通过强强联合收割了交叉领域的用户，也继续扩大了自己的私域流量池。

应用到私域流量池的打造上，除了IP授权联名，我们还可以通过会员置换的方式实现跨界合作。当然，这种合作的基础是建立在各个品牌目标用户相吻合的基础之上的。其操作方式非常简单，两个品牌合作推出一场针对双方联合会员的福利活动，只要是双方的联合会员，就可以获得相应的礼品，这样能有效实现会员的置换。

总之，裂变活动的意义在于，在帮助私域流量运营人员有效降低运营成本的同时，实现用户的几何式增长。可以说，在私域流量运营过程中，谁掌握了裂变的技巧，谁就能够迅速搭建起自己的专属私域流量池。

> 工欲善其事，必先利其器。
>
> ——《论语》

第二节　个人微信号的注册与养护

在今天这个时代，微信无疑是建设私域流量池非常重要的一个阵地。"工欲善其事，必先利其器"，打造一个优质的个人微信号对于私域流量运营人员而言非常重要。随着腾讯对账号监管政策的不断收紧，个人微信号的注册与养护开始成为越来越多人的焦虑点。我的微信公众号后台经常会收到这样的粉丝留言："我刚注册不久的账号就被封了，这已经是第二次了，解禁还需要辅助验证，我该怎么避免被封号？""我的账号被永久封号了，这个账号中的好友已经有4000人了，太可惜了。"

受国家相关监管政策的影响，腾讯加强了对微信营销号的管制活动。尤其是针对一些人为了谋取个人利益，利用个人微信号从事的违法乱纪、诈骗行为，微信安全团队发布了严格的管控措施。不仅新号的注册条件越来越严格，而且如果你不熟悉网络安全基础知识，一旦操作不当就很容易被判定为营销号，被微信平台封禁（见图3-3），且这种封禁往往很难解除。

面对这种双重管控，在这种大背景下，如何成功注册并养护好个人微信号，在保障账号活跃度的同时，避免被微信平台判定为营销号呢？

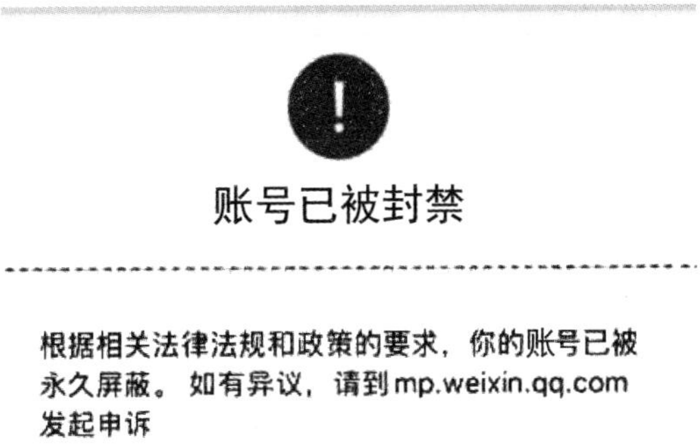

账号已被封禁

根据相关法律法规和政策的要求,你的账号已被永久屏蔽。如有异议,请到mp.weixin.qq.com发起申诉

图3-3 微信平台对账号的封禁

(1)注册。个人微信号的注册必须使用手机号,确保做到一机一卡一号,即一台手机、一个手机号,只登录一个账号。账号注册成功后,要及时设置昵称、头像及地区等基本信息。

(2)加人。账号注册成功后,要适度申请添加好友并产生聊天记录,也可以与好友互开语音、视频,注意添加好友的频率不要过高。一般来说,添加方式分为两种:一种是主动式添加,即你主动加别人;另一种是被动式添加,即由别人加你。主动式与被动式各占50%。

需要注意的是,在添加好友时,要尽量多选择几个使用半年以上的账号,并将其中3人以上(不超5人)设置为应急联系人。如若账号不慎被封,可以及时在好友的帮助下解除封禁。

(3)加微信群。账号注册成功后,可以将其推荐给朋友,让朋友添加你为好友,再和朋友间组建一个微信群,还可以多加几个较活跃的微信群,在里面聊天以提高账号的活跃度。为了提高账号的质量，还可以在微信群里多发一发红包，这样可以让你的账号成为优质号。

（4）发朋友圈。为了更好地养护账号，可以每天发3条以上朋友圈。朋友圈早期的内容要尽量真实，以生活类话题为最佳，避免刚开始就发布大量的广告。同时，要适当刷刷朋友圈，关注一些公众号，搜索一些小程序等。如果有可能，建议随身携带手机，尽可能地产生移动数据。

经过7天如上操作，你的账号已经相对稳定了很多，这时候就可以进行实名认证了。可能很多人会问，为什么现在才开始实名认证？一开始就认证是不是更有助于账号被认定为真实账号？我并不建议大家这样做，因为账号刚注册时有很多不稳定因素，一不留神就有可能引来永久封禁。因此，我建议大家在账号相对稳定后再进行实名认证。认证成功后，还可以使用个人微信号登录淘宝、腾讯视频、滴滴出行等App，同时尽量创造一些消费行为，如发红包、使用微信支付等。

与此同时，还要注意避免出现以下几种被封禁可能性较大的行为。

（1）添加好友过于频繁。不要一次性添加过多好友，通常一次要控制在15人以下，两次添加好友的时间间隔要在两小时以上，避免因为添加好友过于频繁而被限制账号。

（2）诱导、误导下载/跳转。我们在使用微信的过程中，常常会收到一些诱导转发的链接，这些链接很有可能是隐藏的钓鱼网站,一旦我们点击进入,就会有信息泄露的风险,甚至有可能造成财产损失。因此,我们一定要谨慎甄别,不能随意分享不明链接,以免被封号。

而且即使没有安全威胁,越来越多的砍价、加速抢票等链接的出现,也给用户的使用体验带来了严重影响,这严重违背了微信追求简明高效的初衷。因此,自2020年年初开始,腾讯便开始了对微信聊天环境的整治行动,严格管控所有外部链接。因此,在养号的过程中,一定要尽可能避免出现触发微信管理条例的行为。

(3)大量发布广告,传递不良信息。一定不能在短时间内向好友或在微信群中大量发布广告,这样很容易被微信平台判定为营销号,从而对账号进行限制。如果有需要,则应该控制好广告的发布频率,把握时间,陆续将广告分散发出。

除了广告,还要特别注意坚决杜绝传递赌博、淫秽色情等国家法律法规禁止的不良信息。一旦被发现,微信平台会对账号采取相应的处理措施,而且如果是因为这种情况而导致的封号,通常很难自行解除封禁。

(4)使用第三方软件。在微信已经成为人们生活中重要组成部分的今天,市场上出现了很多针对微信而研发的第三方软件。比如,借助一些所谓的"微信分身",用户可以在一台手机上同时登录几个账号。事实上,这些非腾讯开发、授权的第三方软件是不被腾讯所允许使用和传播的,如果被发现,微信平台就会对账号做出封号处理。

除此之外，违规使用用户头像、异地登录马上添加好友、被动加人过多、主动加人过多、频繁发朋友圈、群发、交易、转发未知网站链接、频繁进行好友助力、加速、砍价、任务收集等，都属于违规操作，每一项都有可能给自己的账号带来被管制的风险。常见的个人微信号被封的原因如图3-4所示。

自2021年4月开始，微信平台对于账号的管控愈加严格。我根据多年的操盘和服务经验，陆续总结了一些微信的新规则供大家参考。

1. 干扰微信正常运营、侵犯其他用户或第三方合法权益
- 发布、传送、传播、储存属于国家法律法规禁止的内容：如分裂国家、贩卖毒品枪支、涉黑涉暴、色情、非法博彩、诈骗等违反法律法规的内容；
- 发布、传送、传播、储存侵害他人名誉权、肖像权、知识产权、商业秘密等合法权利的内容；
- 涉及他人隐私、个人信息或资料的；
- 发表、传送、传播骚扰、广告信息及垃圾信息或含有任何性或性暗示的；
- 提交、发布虚假信息，或冒充、利用他人名义的；
- 诱导其他用户点击链接页面或分享信息的；
- 虚构事实、隐瞒真相以误导、欺骗他人的；
- 侵害他人名誉权、肖像权、知识产权、商业秘密等合法权利的；
- 未经腾讯书面许可利用微信账号有任何功能，以及第三方运营平台进行推广或互相推广的；
- 利用微信账号或本软件及服务从事任何违法犯罪活动的；
- 其他违反法律法规、政策及公序良俗、社会公德或干扰微信正常运营和侵害其他用户或第三方合法权益内容的信息。

2. 违反微信软件使用规范
- 删除本软件及其副本上关于著作权的信息；
- 对本软件进行反向工程、反向汇编、反向编译，或者其他以其他方式尝试发现本软件的源代码；
- 对腾讯拥有知识产权的内容进行使用、出租、出借、复制、修改、链接、转载、汇编、发表、出版、建立镜像站点等；
- 对本软件或者本软件运行过程中释放到任何终端内存中的数据、软件运行过程中客户端与服务器端的交互数据，以及本软件运行所必要的系统数据，进行复制、修改、增加、删除、挂接运行或创作任何衍生作品，形式包括但不限于使用插件、外挂或非腾讯授权的第三方工具/服务接入本软件和相关系统；
- 通过修改或伪造软件运行中的指令、数据，增加、删减、变动软件的功能或运行效果，或者将用于上述用途的软件、方法进行运营或向公众传播，无论这些行为是否为商业目的；
- 通过非腾讯开发、授权的第三方软件、插件、外挂、系统，登录或使用腾讯软件及服务，或制作、发布、传播上述工具；
- 自行或者授权他人、第三方软件对本软件及其组件、模块、数据进行干扰。

图3-4　常见的个人微信号被封的原因

（1）连续一周在朋友圈发布金融类、区块链类、文字链接类的内容，数量在7条以内的账号，视为存在风险，严重者被永久停封。

（2）一年以内注册、好友数量在2000人以上的账号，没绑定银行卡的优先进行封号检测。

（3）连续4周不切换IP地址、位置信息不变动的账号，视为存在诈骗风险（也就是说长时间在同一个位置不动）。

（4）在一个月内，每周群发信息超过两次的账号，视为营销号，做封号处理（微信公众号或企业微信除外）

（5）每周好友增加数量在20人以上的账号，视为营销号。

（6）与多个陌生好友（不是通过手机号或二维码加的好友）交流、频繁互动的账号，易被封号，甚至易被追封。

（7）每天有频繁点赞和秒赞行为，或者多次发朋友圈，连续一周的账号，视为频繁广告推广，视为危险账号。

（8）同质化内容（包含违规字眼及图片，主要针对微商）发布超过一个月的账号，视为存在诈骗风险，将被永久停封。

（9）大量微信转账（每周一万元以上）、大量发群红包（每周两千元以上）的账号，视为赌博、洗黑钱，这时需要提供证明，严重者被停封及冻结资金。

（10）建群数量超过20个的账号（活跃且涉及金钱方面），视为非法集资。

（11）频繁被拉黑，每月超过30次的账号，视为骚扰及涉黄，视为封号首选账号。

（12）朋友圈被人屏蔽超过100人的账号，很大程度上会被永久停封。

  总之，个人微信号的养护原则就是尽量模拟真实账号的使用场景，在不违反规则的情况下，尽量提升账号的活跃度。养号时间越长，账号越稳定，安全系数就越高，大家要注意时间成本的把控。

> 新媒体的核心是内容，好的内容会走路。
>
> ——陶小开

第三节　公众号低成本裂变的方式

在互联网时代，社交平台五花八门，公众号的出现更是将自媒体推向了高峰。腾讯官方数据显示，截至2019年8月，微信平台汇聚的公众号数量已经超过2000万个，众多公众号运营人员都借助公众平台成功打造了自己的品牌。虽然随着公众号数量的逐步增多，公众号流量红利已经开始逐步消失，公众号涨粉变得愈加困难，但不可否认的是，当前，公众号仍然是私域流量运营人员的一个不错的选择。

提到公众号裂变，相信大家经常看到这样的消息：某公众号不花一分钱，几天涨粉超过10万人。那么，它们到底是怎么做到的呢？经过对这些账号的仔细对比研究，我发现用户增长迅速的账号虽然各有各的优势和特点，但是也存在一些共同点。在公众号裂变的过程中，我们能够从中总结出一些可以借鉴的经验。

1. 公众号内容

任何时候，内容都是公众号运营的核心，内容的质量直接影响公众号在用户心中的印象和地位。用户关注公众号的目的是从中获取价值，而内容就是公众号向用户输送价值的一个重要渠道。因此，在内容建设上，我们应该通过自我定位确定目标用户，然后定向输出内容。当我们的内容得到用户的认可之后，用户自然而然就会对我们产生兴趣，从而关注我们。

任何一个优质的公众号都应该有一套完整的内容体系。健全的内容体系可以吸引用户点击、阅读，引导用户分享。这样可以保证运营过程中内容输出的稳定性和持续性，从而提升公众号的运营价值。那么，我们应该如何建立公众号的内容体系呢？

（1）进行多维度、多角度的数据分析，建立"选题树"。我们可以通过分析文章的标题、阅读量等针对选题方向找一些规律，用这些规律建立一棵"选题树"。

如何建立"选题树"？首先围绕目标用户确定几个大的选题方向，然后围绕选题方向不断深挖，直到找到合适的选题方向，并梳理出"选题树"。

可以将平时积累或新发现的选题方向不断补充进"选题树"中，通过不断的补充让"选题树"越来越大、越来越茂盛。当"选题树"长大到一定程度时，就可以在树上找到我们要输出的内容了。

（2）利用数据建立自己的内容库。建立了"选题树"之后，我们可以根据"选题树"的选题方向进行内容库的建设。每个选题方向下都要有与之对应的内容库，热门的选题方向下甚至要有更多的内容库。

建立内容库后，要对内容库中的文章从多维度进行数据分析，根据分析的结果确定文章的写作角度、文字表达、信息密集度。经过反复补充,这些内容库将为我们的内容输出提供强有力的后勤保障。

(3)通过数据分析进行标题优化。当我们把"选题树"、内容库建立完成后,就要对文章的标题进行优化。

通过以上三步,我们的内容体系框架就构建完成了。有了这个内容体系框架,我们的内容体系就会发挥出巨大的价值。

在这样的内容体系之下,如果你能坚持持续输入原创的优质内容,那你的账号就可以被邀请开通原创保护功能。当其他公众号想要转载你的文章时,文章中就会出现来源链接,用户可以通过链接跳转到你的公众号关注页面。这种涨粉方式不仅不需要花费任何成本,还可以有效提高定位目标用户的精准性——毕竟,通常转载你文章的账号在内容风格上会与你有些相似,用户也大致相同。

除此之外,我们还可以在文章的适当位置设计一些二维码、链接和引导语,引导用户直接关注账号或阅读更多内容。用户在公众号上停留的时间越长,与账号产生的互动越多,就越容易成为其粉丝。

比如,微信公众号"36氪"在推文的最后增加了一个"推荐阅读"板块,在其上放置了公众号往期推出的内容。而在"推荐阅读"板块下面,便是公众号的二维码,并配以相应的文案,引导用户关注账号并将其设为星标(见图3-5)。

总之,要想实现粉丝的有效增长,就必须确保内容质量。如果你的内容足够优秀,那自然而然会为你带来更多的引流入口

图3-5 "36氪"引导用户关注账号

和粉丝。当然,这里的内容并不局限于文字,也可以是图片、音频、视频等形式,要为用户提供更加完整、立体的体验。

2. 公众号裂变

依靠内容吸引用户是一个异常缓慢的涨粉策略。虽然也不排除某篇阅读量"10万+"的文章就可以为我们瞬间吸引大量粉丝,但在公众号内容同质化严重、大众对于内容愈加挑剔的今天,想要打造出阅读量"10万+"的文章不是易事。所以,除了内容,我们还可以借助一些特别的技巧来达到快速涨粉的目的。其中最为常见的方式就是海报裂变,其优点是简单高效、成本低。除此之外,还有设置诱饵、互推引流等。

(1)海报裂变。简单来说,就是设计一张带有公众号二维码的精美活动海报,吸引有兴趣的用户扫码关注账号;之后,用户会收到账号推送的文章和专属海报,借此诱导用户自主分享,从而吸引更多的新用户,实现裂变传播。

一般情况下,你在朋友圈看到海报时,会和看到文章的标题一样,点开的动作一般不超过半秒。这时候如果你对看到的信息没兴趣，就会马上关掉海报。

如果你看到一个令自己感兴趣的东西，可能会多看两眼，停留的时间会延长到3秒左右。在3秒内你就会做出决断——要不要参加这个活动、要不要买这个东西，然后你会再花2~3秒找一找海报上的其他辅助信息，来帮助自己做出决断。整个过程最多不会超过10秒。

所以，在这10秒过程中，我们的海报做得如何至关重要。

一般来说，海报的设计要点是迅速抓住用户的眼球，激发用户的参与兴趣。因此，海报设计要尽可能精美、富有创意，要做到第一时间吸引用户的注意力，这样再配合适当的文案就能够有效提升点击率。通常情况下，海报的设计要点可以参照以下几个方面。

①颜色明亮，快速吸睛。海报的颜色应该以黄色、红色等暖色调为主，这样既可以有效吸引用户的注意力，还可以在一定程度上激发用户的兴奋感。海报的颜色不宜过多，避免给人带来杂乱的感觉，可以结合自己的账号定位或目标用户特征选择一个合适的主色，还可以对颜色的透明度与亮度进行调整。

②排版简明，突出重点。在对海报进行排版时，可以将海报中的每个部分或文字进行对齐，并适当对字体、色块等元素进行重复利用，使海报看起来简明、协调、统一。同时，可以采用对比的方式，突出一些重点内容，加强用户对文案的理解。

③文案清晰，激发兴趣。文案最主要的作用就是鼓励用户参与活动，所以在设计文案时应该注意把握用户痛点。可以突

出自身优势，也可以让一些名人、名品牌、名机构进行信任背书，如"××亲情推荐"，还可以通过一些优惠措施、名额限制等手段进一步激励用户参与。

需要强调的是，虽然精美的海报可以有效吸引用户的目光，但是由于种种限制，海报所能展现的内容非常有限，所以要想取得良好的裂变效果，还要借助相应的推文对活动进行更为详细的介绍。只有这样才能更好地激发用户的兴趣，激励更多的用户参与，从而实现真正的裂变。

（2）设置诱饵。裂变的要点是让更多的用户主动参与传播，只有这样才能实现用户的快速增长。要想激发用户的参与热情，就要给用户一个参与的理由，设置好"诱饵"，准备好赠品。

诱饵的设计原则是要对用户有吸引力，而且要容易获得。赠品可以是资料包、教程汇总、免费体验产品、免费课程、产品优惠券等一些小福利，注意用户的领取步骤不要过于烦琐。

比如，"关注公众号，在后台回复关键字'绘本'，就可以免费领取300本绘本故事电子书"，或者"邀请3名好友扫码关注，就可以免费领取50元产品优惠券"。

这种参与方式简单直接，赠品获得难度较小，因此可以极大地激发用户的参与热情。

（3）互推引流。账号互推也是公众号常用的裂变方式之一。简单来说，就是找到与自己的目标用户类似的账号并与之合作，互相在自己的账号中推荐对方的账号。

比较常见的方式有两种：一种是一对一合作，直接发布对方账号的内容，并在内容底部对其账号进行介绍，呼吁喜欢该类型账号的用户关注该账号了解更多内容，推广的具体内容可以由对方提供；另一种是多个账号之间的轮推，就是在一篇文章中以荐号的方式，介绍多个账号的信息，然后几个账号均将该内容发布到自己的账号中，这样每个账号都可以出现在多个账号中，达到互推引流的目的。

在选择合作对象时，应该注意账号的用户量、用户属性要尽可能地和自己吻合，最好和同一量级的账号合作互推，这样才是真正的公平。

实现公众号裂变的方式有很多，这里只为大家介绍了几种成本低且相对容易操作的方式，希望给大家带来一些启发。最后，需要提醒大家的是，不论任何时候，对于公众号而言，为用户提供有价值的内容都是第一位的，切莫为了盲目追求所谓的裂变技巧，而忽略优质内容的打造。

> 互联网的下一站是粉丝和社群。
>
> ——王为（酣客创始人）

第四节　五大步骤，让社群实现快速裂变

实践证明，在私域流量运营中，社群是一个非常有效的引流工具。相信即将进入或已经进入私域流量运营领域中的你，一定听说过不少品牌创造的增长神话。比如，"有书"10个月便成功裂变了800万个粉丝；"奶爸学英语"仅用4天，便裂变了10万个粉丝；"切糕王子"更是创下了3天涨粉100万人的奇迹……细心观察，我们可以看到这些品牌在裂变的过程中，都使用了一个工具——社群。

什么是社群？我们可以将其简单理解为一群有着相同兴趣爱好、需求或目标的人聚集在一起，形成的一个有组织的群体结构。广义的社群包括QQ群、天涯论坛、微信群等多种形式，而大众所认知的社群通常是狭义的社群——微信群。微信群裂变的方式有很多，如"微信群+会众号"裂变、"微信群+公众号+小程序"裂变。由于文章篇幅限制，本节主要讲的是微信群裂变。

微信群裂变非常简单，主要是指利用裂变海报，将目标用户引到微信群中，然后在群中经营和维护用户。

利用裂变海报吸引用户是微信群裂变最直观、最快速、最有效的方法，而建群宝则是微信群裂变的一个非常有效的工具。

有经验的微信群群主都知道，每个微信群的总人数一旦超过限定的人数，就没有办法通过扫描二维码的方式继续加人，只能更换二维码或手动拉人进群。这无疑给通过裂变海报宣传拉新的微信群群主带来了很多麻烦，而建群宝恰恰解决了这一难题。

通过建群宝创建带有二维码的活动H5或海报，系统会自动生成微信活码，用户可以随时随地扫码入群，没有扫码次数的限制且长期有效。这种方法突破了微信群的时效限制，不再需要群主不停地手动更新二维码，给微信群裂变带来了很大的方便。所以我认为，社群的底层逻辑应该是活码逻辑。下面就以蜂鸟裂变建群宝为例来解读一下。

蜂鸟裂变建群宝的高效运营逻辑是这样的。

（1）微信是互联网上最大的流量池，里面有约10亿个用户。可以说，微信才是流量之王，目前没有人能与之争锋。

（2）技术路线变得更加可控。技术的本质是标准化，当我们把这一切都交给技术时，一切就变得更简单、更可靠。

（3）建群宝使每个微信用户都成为流量运营节点。小用户也有了大能量，每个人可以连接数百人，实现指数级增长。

（4）与其给大客户送钱，倒不如直接给用户送礼。

由此可见，蜂鸟裂变建群宝让微信群运营变得更加简单、方便、高效。

有了建群宝的加入，微信群裂变变得更加容易。我认为，一个完整的微信群裂变活动流程大致如下，如图3-6所示。

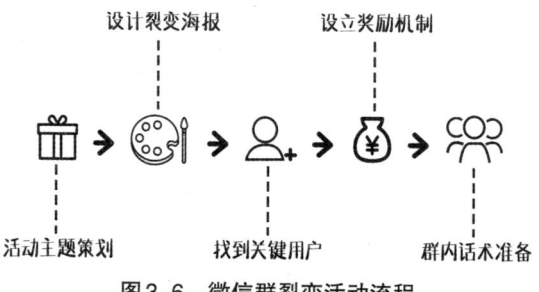

图3-6 微信群裂变活动流程

1. 活动主题策划

和大多线上活动类似，在微信群裂变活动开始之前，就要明确活动的目的、主题、目标用户、裂变机制、具体流程、方案、奖品设置等具体信息，这样可以让运营人员头脑清晰，使活动有条不紊地进行。

2. 设计裂变海报

根据具体的活动方案，推出相应的活动海报。海报的设计要点可以参考本章第三节"公众号低成本裂变的方式"中的"海报裂变"。

3. 找到关键用户

海报设计出来后，并不是随便一发就可以了，确保裂变活动成功的关键一步就是找到关键用户。这时就需要我们充分利用自身的人脉资源。为了确保种子用户定位精准，在寻找关键用户时，要尽可能找到目标用户的聚集地。比如，可以去一些与目标用户属性相符的平台发广告，如美妆类账号可以在一些美妆类论坛或小红书上发布相关信息。

4. 设立奖励机制

这是诱发用户转发的动力。在奖励机制的设计上，应该遵循3个原则：第一，有足够的吸引力，让用户看到就想参与，这是实现裂变的重要前提；第二，用户参与就必须分享，这是裂变的路径；第三，用户参与就可以得到奖励。在活动具体模式的设计上，可以参考本章第一节提到的6种模式。

5. 群内话术准备

群内话术主要包含欢迎话术、审核话术、提醒话术、踢人话术等。

用户入群后，要第一时间向用户表示欢迎，并介绍本群的价值和活动的具体内容。比如，"××你好，欢迎来到我们这个友爱的大家庭，我们会每天向大家分享护眼常识，不定时发布产品福利，优惠多多。转发下方文字到朋友圈，并保持24小时，不设置分组可见，在后台提交截图即可领取《改善视力的36种方法》电子手册。"

用户完成任务后，要通过审核话术告诉用户已经通过审核，并发送相应的礼物。并且适时通过提醒话术，提醒部分没有完成任务的用户及时完成任务。如果有人违反群内规定，如随意发布广告和不良信息，就可以使用踢人话术，将其踢出微信群。

最后，需要注意的是，一定要及时跟进活动，通过数据反馈了解活动进展，同时注意收集用户意见，对活动进行优化。活动结束后，要及时复盘和总结，为举办下次活动奠定基础。

> 一个网络的价值等于该网络内的节点数的平方,而且该网络的价值与联网的用户数的平方成正比。
>
> ——梅特卡夫定律

第五节 H5,人人都可掌握的裂变方法论

提到H5,可能很多人会一头雾水,但如果讲分享到微信群里的小游戏、朋友圈里的音乐相册,以及各种App里上一年度的使用总结及形成的相关海报,我相信各位都不会觉得陌生,这些传播内容就是通过H5制作的。而H5的强大之处并不局限于此,很多网站(如YouTube、Facebook、Apple官网等)都用到了H5,一些网页上的在线游戏同样以H5技术为依托。所以,微信H5活动是为我们的微信页面及网站获取自然流量的好方法。

为什么大到互联网行业的巨头公司,小到每个人每天使用的各种App,都如此青睐这项技术呢?原因有三。第一,H5具有可以跨平台传播的特性。从PC到Pad,从移动端到商场中的展示终端,H5无处不在,而且无须下载,其便利性和灵活性一览无余。第二,成本低。如果选择通过App裂变,除了开发本身的费用,运营人员还需要负担后续的维护、运营成本,综合而言,成本会比H5高很多。第三,呈现效果好。对比一些主流传播媒介,如小程序、App等,H5能够呈现更灵活、更炫酷、

更精细化的效果。

在我看来，H5页面起到的是落地页和传播页的作用。这是访问游客从某个链接进入网站的最初页面，这个吸引人进来的链接可能是普通的外部链接，也可能是做竞价投放的页面。那么，如何让网站的游客最后变成网站的用户甚至是客户，达成最终的合作呢？这时，H5页面的设计就显得非常重要了。在移动互联网时代，落地页的概念已经延伸到了网络营销的方方面面。微信、抖音等每个有流量或用户的平台都带有H5落地页。所以，简单来说，H5落地页就是用来营销的页面。

当然，无论一项技术如何有优势、有效果，它终究只是一种工具、一种途径。更重要的是，我们怎样利用它传播我们的内容、体现我们的价值。接下来就跟大家分享一个通过H5传播价值、裂变用户的典型案例。

网易在为游戏《第五人格》做预热宣传时，联合旗下的网易云音乐推出了名为"你的荣格心理原型"的H5活动。此活动抓住了社会大众对心理学的好奇及对自我探知的渴望，设计了6道问题，并配有相关的配图或配乐，激发测试者的兴趣。在答完6道题之后，系统会给出结果，根据测试者所选的答案，描述其内在人格和外在人格各有什么特征。

不只是这个案例，网易推出的其他H5活动，如网易云音乐的"年度听歌报告""你的使用说明书""睡姿大比拼"等都获得了刷屏级别的流量关注，构建了有内容、有价值、有温度的品牌形象。我相信，这也是网易为何如此"执迷不悟"地使用H5传播内容的原因之一。这也从另一方面证明了H5传播方式的巨大潜力。

既然H5的功效如此强大,是不是意味着只要使用这项技术,就一定能抢占用户心智,实现传播价值、裂变用户的目的?答案当然是否定的。其实不只是H5,任何传播方式都是如此。如果盲目地使用这些技术,是断然达不到预期效果的,反而会给用户留下不专业、敷衍的印象,从而削减品牌的价值。

在我看来,一次有效、优秀的H5活动应该包含以下4个特征。

1. 迎合用户需求

给用户一个参与的理由就是这一点的本质逻辑。不管是H5活动,还是通过其他技术、途径举办的活动,在举办前都需要问自己一个问题:"用户为什么要参与我的活动?"从马斯洛需求层次理论(生理需求、安全需求、社交需求、尊重需求、自我实现需求)的角度出发,用户每次参与活动都是有内在需求作为驱动力的,可能是出于好奇,可能是为了了解自我,也可能是有真正的消费需求。比如,网易的"你的荣格心理原型"H5活动,就迎合了用户想要更深层次认知自我的需求。而且,当用户将测试结果分享到自己的交际圈中时,也满足了其社交需求、尊重需求。因此,用户愿意参与网易的活动,愿意自发地帮助网易进行内容和品牌的传播。这无疑是一次优秀的宣传活动。

2. 有支撑活动的优质内容

用户愿意点进页面是一回事,愿意完成整个活动又是另外一回事。大家应该都参与过各种各样的活动，肯定也明白这个道理。仍以网易的H5活动为例，它给用户的参与理由是探索内在人格。在活动步骤的设计中，网易开篇便向用户表明"这是依据'荣格心理学'的真实人格测试"，强调测试活动的专业性和有效性，反馈到参与理由，让用户产生"不虚此行"的感觉。而后，网易以提问的方式，再配以滚动的画面和不断弹出的问题描述，营造一种类似与心理咨询师沟通的氛围，让参与者有"探索内心"的感受，以此吸引用户留下来完成活动。最后，通过答案和偏正能量的描述回扣用户的参与理由，形成一个完美的逻辑闭环。

3. 传播品牌是附加价值

传播品牌虽说是附加价值，但也至关重要，对于某些机构及旨在打造个人IP的运营人员来说更是如此。曾有人说，相比App和小程序，H5活动的不足之处是用户黏性差，且是一次性活动，无法重复利用。这些描述不能算错，但在我看来，他们搞错了H5活动的主打方向。运营人员在策划一次H5活动时，应该将最基本的目的定义为传播价值、裂变用户，并将其内化成自己的私域流量，而非奢望通过一个网页彻底留存用户。

我之所以要把品牌价值单独拿出来讲，是因为有很多运营人员把注意力放在了表面目的上，而忘记了内在的更有价值、更能留存用户的品牌价值。是品牌对企业的意义大，还是某个爆品对企业的意义大？答案不言自明。任何一个有号召力的品牌都无法通过一次活动就树立，而是先在用户心中种下种子，然后"润物细无声"地慢慢生长。

4. 有明确的活动目的

传播品牌是长远目的，活动同样需要一个明确的短期目的，也就是让参与者知道自己举办活动的目的。比如，快手打造的"你的十年是一部怎样的电影"H5活动，通过描述参与者定制的"十年人生电影"，向参与者传递"快手十周年"的信息，两者遥相呼应，从而在参与者心中留下深刻的印象；亚马逊"每个人都是一本奇书"活动的最后一个环节，在生成海报的页面处放置了一个会员的购买入口，也是同样的逻辑。

评判H5活动成功与否的标准有很多，甚至可能如同《哈姆雷特》一样，每个人都有自己的理解。但不管标准如何变换，在我看来，活动的内在逻辑是不会变的，即给用户一个参与的理由，有优质内容作为支撑，实现短期和长远的目的。想要举办一次有效、优秀的H5活动，这4个特征必不可少。

> **小开给您划重点**
>
> （1）裂变增长的核心。
> （2）裂变增长的4种底层逻辑。
> （3）常见的裂变方式。

第四章
激活沉睡的私域,流量之战不能缺"TA"

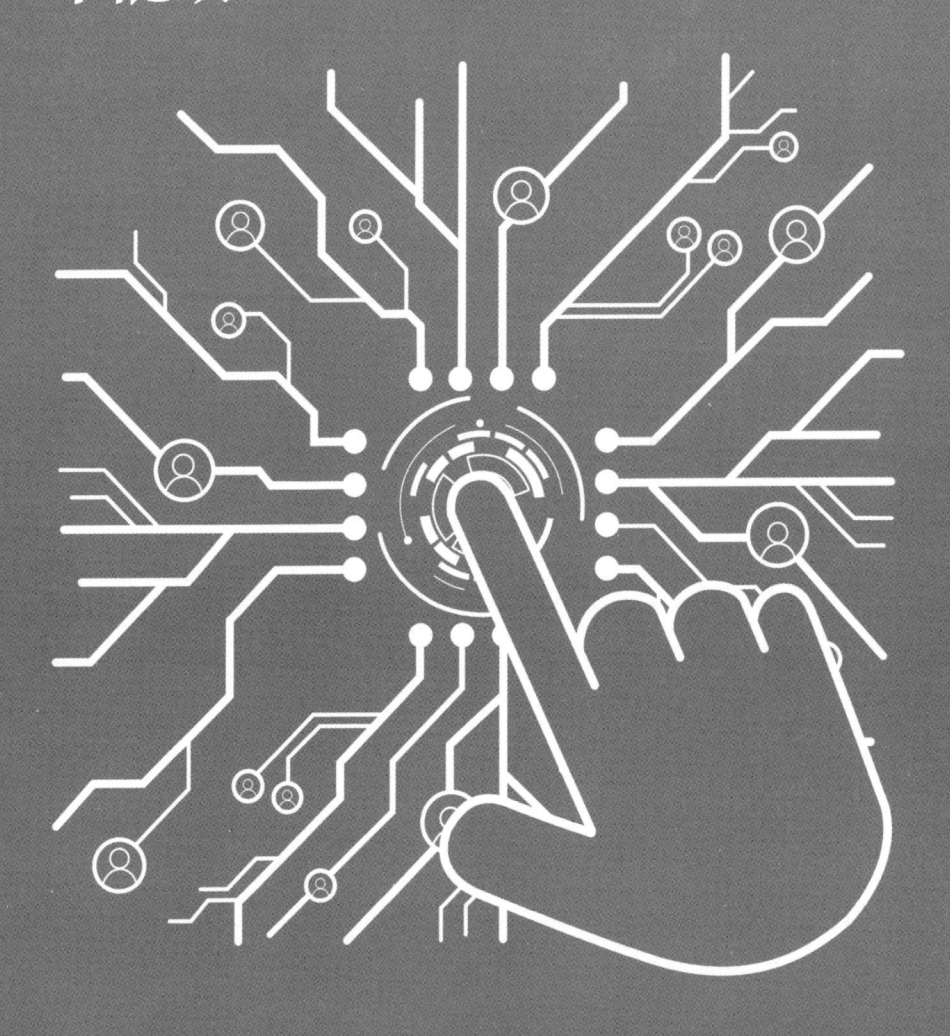

沉睡用户，不是在沉睡中消失，就是在沉睡中醒来。激活沉睡用户，让用户在你的流量池中而非他处活跃，这注定是一场激烈的"流量之战"。而要打赢这场战争，必须深入了解用户沉睡的原因，认识到"有效激活"的意义，找到正确的路径与方法。在这个过程中，内容是激活沉睡用户的不二法宝。得内容者得一切，一切皆内容！将产品做成内容，用产品直接触达用户，获得用户的背书，不失为一个明智之举。

阅读指引

（1）用户当初因为什么而沉睡？
（2）为什么会有"激活"这个动作？
（3）激活的路径和方法有哪些？

> 客户的要求不等于客户的需求。
>
> ——张瑞敏（海尔创始人）

第一节　用户为什么会沉睡

经常有朋友和我抱怨："我做了很多裂变活动，投入了不少精力，明明效果不错，用户量看起来也非常可观，但是业绩增长并不明显，问题到底出在哪里？"其实，在私域流量的运营过程中，新用户的获取固然重要，但是同样不可忽视老用户。并非获取的所有用户都可以产生价值，只有真正活跃的用户才是我们所追求的、能够为我们带来业绩增长的有效用户。所以，我们在拉新的同时，也应该注意对沉睡用户的激活。

商机就是业务机会，它只有成与不成两种路径。成了，对方就会成为你的用户，如果运营得好还可以成为你的长期用户。但是也不排除有这样的情况：有的用户刚开始很活跃，后来却慢慢进入"沉睡阶段"。或许有人认为，这样的用户直接放弃就可以了。但是我们要明白，企业是动态的，不能因为用户的暂时"消失"就认为他们没有价值了。

那么，究竟什么是沉睡用户？典型的沉睡用户是指一段时间没有使用自己的产品或服务的人。这里的"一段时间"并没有明确的定义。因为业务属性不同，用户对产品的需求频次也有差异，所以具体指标还应结合自己的实际情况确定。不过，对于大多数私域流量池而言，"一段时间"通常不会很长，大多不超过一个月。

那么，用户为什么沉睡？我们可以从以下两个方面进行具体分析。

1. 外在环境分析

在这个时代，用户的注意力极易被分散。互联网的快速发展打破了传统信息不对称的局面，使人们的选择权得以充分保障。面对大量同质化的产品或服务，人们很难将注意力集中在一处。而且，渠道的多样化也给了人们更多接触、了解其他产品或服务的机会。

我在2018年做私域流量、云控的时候就曾经提到过，有的用户看起来比你更懂这个产品。因为用户会从横向、纵向两个角度去比较，甚至拿一些行业内的产品与你交流。一旦用户发现有比你的产品更有吸引力的选择，他们就会毫不犹豫地放弃你。所以，很多时候你所谓的"沉睡"用户并不是真正在"沉睡"，只是跳到别人的流量池中了。

2. 内部因素分析

（1）产品力和产品延伸性不足。前面曾经说过，每个流量的背后都有一个真实的人和需求。也就是说，用户的需求是真实存在的，只是在你的路径里没有得到满足，而是被别人满足了。那么，为什么用户的需求没能在你的路径里得到满足？答案很可能有两个：缺乏产品力和缺少产品延伸性。

产品力是指在构成竞争关系的众多产品中，某个产品在某些方面更能满足消费者的需求或更具独特性，从而产生的竞争力。有些用户最初与你产生了联系，说明其是有真实需求的，只是后来他们在别人的流量池中发现了更具竞争力的产品，有了更好的选择，因此成了你的沉睡用户。造成这一结果的直接原因往往就是你的产品不具备足够的产品力，不具备能与其他产品区分的差异化特征，所以才会被轻易取代。

而产品延伸性是指企业在原有的品牌下推出同品类的新产品，新产品的外观、包装或性能更加多样化，更好地满足了用户的需求。有些用户一开始是你的活跃用户，但是由于你的产品一直没能更新和迭代，不能为用户提供更多的选择，无法满足用户日益增长的需求，自然逐步被用户抛弃。

举个典型的例子。诺基亚曾经是当之无愧的手机行业巨头，连续15年占据全球手机市场份额榜首，但因为故步自封，没能敏锐地觉察到用户需求的变化并及时做出反应，导致最终在智能手机市场中逐步没落。

其实从某种角度来说，全球手机市场的变迁史也是市场用户的变迁史。诺基亚没有掌握市场用户的变迁规律，导致自己的私域流量池一下子被清空，这是其失败的主要原因。

需要强调的是，产品的延伸应该注意时效性，对用户需求的反应越快越好。如果产品的延伸速度比竞争对手慢，就可能被竞争对手抢走用户。

再举个简单的例子。在某个时期，用户比较青睐棉质面料，某品牌方的产品以全部采用纯棉面料而获得了大量用户的关注。但是随着面料技术的不断发展，更多优质的面料被研制出来。相比棉质面料，这些新面料满足了用户更多的消费需求。如果这个时候该品牌方依然坚持只做纯棉面料，没有及时进行产品延伸，其活跃用户就可能越来越少。即便后来其再延伸推出其他面料，用户也很有可能已经活跃在其他流量池中了。

如果企业只坚持在自己独有的产品领域里打造私域流量池，却未能及时进行产品延伸，那么其私域流量池自然会变得越来越小。

在实际操作中，还可能存在这种情况：由于客服专业能力不足而造成产品的产品力没有被用户感知到。比如，你没有恰当地介绍某些细节、性能或产品价值，用户无法感知到你的优势。无法被用户感知到的价值就等于失效价值，不能给用户带来足够的吸引力，就会造成用户沉睡。

（2）获取用户不精准。很多人在获取用户时，不论是打电话销售、上门拜访，还是与人交换用户名单、主动"加粉"，这种线下主动出击的方式往往因为受众定位不精准，且本身与用户间又是陌生关系，而无法让对方对你产生信任，这样是很难获客的。

一些用户即使进入你的流量池，也只是为了一时的利益，如现在很多新闻类App推出"看新闻得奖金"活动，用户下载App往往只是为了得奖金，并非出于真实的需求。当没有奖励机制时，他们自然就把App卸载了，变成沉睡用户。

（3）用户体验不佳。相信大家在浏览一些网页时都曾有过这样的经历：当你在浏览过程中产生了不太好的体验时，就会大大降低对该网页的好感度。为什么很多企业会在H5的设计上花费大量的精力？就是为了提高用户的初始满意度，给用户带来良好的体验，进而使其愿意在第一时间打开这个网页。

如果一个流量池里的广告和不必要的通知过多，很容易给用户带来不良的体验，从而造成用户沉睡或流失。

此外，在运营方面，有些运营人员在对用户反馈的处理（如对用户行为的判断及对用户习惯的引导和提醒等）方面做得不专业，也会让用户逐渐沉睡。

以上是对用户沉睡原因进行的分析。只有对用户沉睡原因进行精细化的梳理，才能有针对性地激活用户，打赢这场"流量之战"！

> 最核心的问题是根据市场去制定你的产品，关键是要倾听客户的声音。
>
> ——马云（阿里巴巴创始人）

第二节 从AARRR到RARRA，正确认识"激活"

2007年，500 Startups公司提出了一个用户增长模型——AARRR模型，又称海盗模型，如图4-1所示。该模型将用户运营分为Acquisition（获取）、Activation（激活）、Retention（留存）、Revenue（收入）、Referral（传播）5个阶段，分别对应用户生命周期中的5个重要环节。

1. Acquisition（获取）

2. Activation（激活）

3. Retention（留存）

4. Revenue（收入）

5. Referral（传播）

图4-1 AARRR模型

AARRR模型将用户获取放在首位，认为用户获取越多，用户激活与留存越多。在获客成本较低的私域流量1.0时代，这个模型备受追捧，很多运营人员都将主要精力放在了用户获取上，不太重视用户激活与留存。然而，随着人口红利逐渐消失，用户获取成本越来越高，如果运营人员在运营之初仍然以获取流量为主，采取各种营销手段获取或直接买流量，却不能很好地维护用户关系，最终就会造成很多用户沉睡或流失，白白浪费大量的流量获取成本。但是如果运营人员转变思维，将重点放到用户激活与留存上，那么活跃用户会越来越多，用户转化率也会明显提升，而且获取的流量也更有质量保障，最终获得一个高收益与高质量的流量池。

因此，在私域流量2.0时代，私域流量运营的核心开始从"流量"转向"留量"，越来越多的运营人员把留存用户、激活用户及完善用户体验作为运营的主要方向。基于此，在AARRR模型的基础上，衍生出了一个新的用户增长模型——RARRA模型，如图4-2所示。该模型不再将用户获取放在首位，而是开始更多地关注用户留存与激活，认为用户收入与获取是前几个环节的自然结果。

1. Retention（留存）
2. Activation（激活）
3. Referral（传播）
4. Revenue（收入）
5. Acquisition（获取）

图4-2 RARRA模型

这里提到的激活沉睡用户，对应的是RARRA模型中的留存与激活两个阶段：把流量池中的沉睡用户激活，并让其成为活跃用户，才是真正意义上的"有效激活"。所以，激活的目标不仅是"激"，而且要"留"，最好能够实现下一步的"传播"。

当用户进入沉睡节点时，我认为激活的切入点是激活用户的心智，激发用户的好奇心或满足用户的需求，通过不断触达用户，获得用户的认可，最终使用户到你的流量池中。

那么，用户凭什么到你的流量池中呢？根据心智的心理学定义，我们可以知道其定义中最重要的两个词汇是"积累"和"储存"。在私域流量中，"积累"相当于流量池对用户的触达。用户在流量池中经常被触达，头脑中不断积累，最终得以"储存"这些"积累"的体验，这样用户就可以在第一时间想到你。

所以，在打造私域流量池时，要善于触达用户，使用户在不断"积累"和"储存"的过程中，形成对流量池的认可。这些"储存"的体验，不仅包括产品购买体验和服务体验，还包括情感体验和信任体验。因此，在激活用户的过程中，可以将老用户看成新用户，注重培养用户感情，建立信赖关系，只有这样才能实现真正有效的激活。

激活沉睡用户和拉新相似，但两者也有很大的区别。除了流量免费，我们对沉睡用户实际上是有了解的。无论是沉睡之前的接触还是后台的数据，都可以给我们提供了解用户的机会。我们可以由此得出简单的用户画像，再制定有针对性的策略。这样，在激活用户时就可以做到有的放矢，更容易获得进一步了解用户心声和展示自己的机会。

而在与用户交流的过程中，一定要学会倾听用户的需求，让用户感觉你懂他，这样可以挖掘出更多信息，也能更好地满足用户需求。

比如，你经营的是一个母婴品牌。某用户曾经在宝宝未出生时来你这里购买过一些婴儿用品，之后就一直没有与你产生互动。这时，你就可以在适当的时候与用户交流，适时了解其遇到的一些婴儿护理难题，并向其提供帮助，告诉他一些婴儿护理知识。比如，宝宝在洗完澡后，有些地方只用浴巾很难擦干，有时候需要用一些棉柔巾；对于刚出生的宝宝，要特别注意臀部的护理……这时，用户会因为你的专业而对你产生信赖感。而你在推销产品的同时，还帮助用户有效解决了问题，并和用户建立了情感连接，成功将用户激活。

做私域流量应该有一种用户思维，学会拉近品牌和用户之间的距离，最后完成变现。不论是母婴行业，还是其他行业，每个行业的本质都是与人打交道，其底层逻辑离不开"人性"。当你理解了人性后，就读懂了私域流量，也就弄清了营销的本质。

RARRA模型中的"有效激活"给了我们一个新的理念：流量的留存与激活大于流量的获取，要在留存与激活上进行精细化的梳理，满足用户需求。

> 人生本来就有无数的岔路口，在没有经历过的时候，谁也无法判断哪些选择一定是到达终点的最优路径。
>
> ——【日】村上春树

第三节 激活的路径和方法

谈到私域流量池，最理想的状态应该是将其打造成一个活的生态系统。在这个池子里，有不断裂变的用户，有可以不断满足用户需求的产品或服务，有活跃的氛围。池子里的用户不仅是你的消费者，也是你的品牌背书者。如果这个池子里的大多数用户都能始终保持相对活跃的状态，那你的私域流量池就相当于一个稳定的平台了。

在"留量为王"时代，激活沉睡用户的意义堪比拉新，而且前者还有低成本、易沟通的特点。那么，具体该如何激活沉睡用户呢？

要激活沉睡用户，首先要找出沉睡或疑似沉睡的用户，建立沉睡池。同在一个成熟的流量池里，当用户数量达到一定级别后，如果对沉睡用户一一进行个性化激活，从人的精力、时间管理上说是不现实的，所以要对沉睡用户进行分层管理。对沉睡用户的分层，有两种方法。一种是针对用户的沉睡程度分层。按照用户的沉睡程度不同，主要可以分为浅睡眠用户、深睡眠用户和流失用户。另一种是针对用户的价值分层。按照用户对品牌的认可度不同和是否有需求及购买潜力,把用户相对分成几个价值等级。根据分层结果,找出高价值的沉睡用户,并做好成本控制,分析激活的成本和激活的结果之间的性价比,再进行时间、精力和成本的投入,以免负担过重。

在具体的激活路径上,我设计出了以下6条主要路径,如图4-3所示。

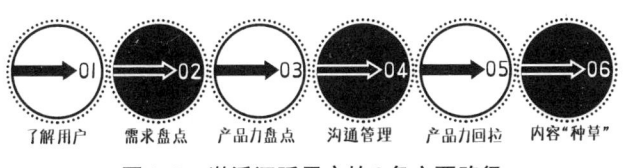

图4-3 激活沉睡用户的6条主要路径

（01 了解用户　02 需求盘点　03 产品力盘点　04 沟通管理　05 产品力回拉　06 内容"种草"）

1.了解用户

通过大数据或经验,找到这些沉睡用户的详细信息,如年龄、性别、地域、爱好、职业等,建立用户画像,了解用户的特征。同时,将流量池里已经筛选过的沉睡用户进行对比及分类,如可分为强关系用户、中关系用户、弱关系用户,这样有利于制定体系化的激活策略,进行有针对性的激活。

2.需求盘点

需求盘点重在盘点以下几个方面。

（1）是否满足用户的真实需求。比如,同样面对美食,有的用户需要的只是填饱"胃",有的用户则重在"味",我们要分析用户选择产品的真实需求。再如,用户购买热水器的原因是什么？是想要洗一个舒服的热水澡。如果我们能满足用户的这个需求，那么我们的产品就有很大的发展空间。

（2）是否满足用户的多种需求。比如，一款电动车骑起来不费劲但没有健身功能，那么是否有既省劲又能健身的电动车呢？助力电动车就可以做到这两点。

（3）是否满足用户的潜在需求。有时，用户的潜在需求可能连他自己也不清楚，但依然可以被激发出来。比如，设计一款儿童书桌，不仅要考虑孩子写作业、放置书本文具的功能，还要考虑保护孩子眼睛的功能。除了这些基本功能，还可以考虑增加画板功能，把桌面变成画板等。用户的潜在需求被满足得越多，用户的黏性就越高。

3.产品力盘点

产品力盘点主要可以从以下两个维度进行。

（1）与用户需求进行对比，看是否有效满足了用户的真实需求，根据用户需求建立产品信息库，并调整产品策略，提高产品力。

（2）与竞争对手进行对比，知彼知己，百战不殆。通过对竞争对手的分析，更好地了解自身的优势和劣势，了解市场行情。

4.沟通管理

通过有效的沟通，可了解用户沉睡的原因。常见的沟通有以下几种类型。

（1）激活式沟通。激活式沟通可以分为数字化沟通和非数字化沟通。数字化沟通即借助微信、QQ、电子邮件、智能外呼等网络工具进行沟通；而非数字化沟通则指的是电话回访、线下活动等。其中，电子邮件沟通具备免受打扰、可定期发送的优点，可以详细介绍内容；线下活动是一种和用户面对面沟通的方式，更具亲切感，能进行更加深入的沟通，提升用户黏性。

（2）以情动人式沟通。通过分发生日祝福卡片、节日卡片、小礼物、产品试用装等形式，加深与用户的连接。

（3）以利诱人式沟通。通过发送各种商业促销短信、推出各种促销活动等，直接打动用户。

（4）以品服人式沟通。通过进行各种营销活动，如事件营销或品牌营销，提升品牌的影响力，提高产品的可信度，从而吸引用户关注。

总之，无论哪种类型的沟通，都要注意话术和态度，务求用有诚意的态度和专业的沟通方式进行沟通。

5.产品力回拉

产品力回拉指的是通过对需求盘点、产品力盘点和沟通管理中所了解到的信息进行对比，发现产品中需要提高的点，从而提高产品力，重新引起用户的注意，激活沉睡用户。很多时候，用户并不能将内心的需求和在意的点清晰地表达出来，或者在没有见到产品之前，他们很难讲清楚自身的需求。这就需要我们有敏锐的洞察力，并以此出发来打磨产品。只有这样才能在将产品摆在用户面前时，让他们产生一种"这就是我想要的东西"的感觉，从而激活沉睡用户。

6. 内容"种草"

"种草"是网络用语，表示通过对某一产品优秀品质的分享和推荐，激发他人的购买欲望。这里的内容"种草"，是指通过内容分享，将我们的产品或服务中最吸引人的点展现出来，做成爆品。相比过去的强势宣传，内容"种草"这种营销方式更容易被人们接受。内容是私域流量运营人员最好的营销武器，通过内容来"种草"，是激活沉睡用户的一个重要途径。

内容"种草"其实本质上是一种"口碑营销"。它主要借助于第三方之口，利用第三方的人际圈层来推荐某个产品或服务，最终达到宣传的效果。以往人们借助于口碑宣传，内容多发布于百度、BBS、微博、微信等平台上，而内容"种草"则聚集于小红书、抖音、快手、知乎、B站等平台上。

内容"种草"的形式多种多样：不仅有图文"种草"，还有短视频"种草"、直播"种草"；不仅有明星、"大V"和专家的"种草"，还有一些素人的评论、转发，以及网络的问答式、分享式的"种草"。总之，将产品的引爆点通过内容触达用户，不仅可以"种草"已有的活跃用户，还可以"种草"沉睡用户。

激活沉睡用户的6条路径，如同6个石阶。沿着这6个石阶，精心梳理用户需求，提高产品力，经过良好的沟通和内容触达，相信你一定可以成功激活沉睡用户。

> 新媒体时代依旧"内容为王"。
>
> ——陆先高(《光明日报》副总编辑)

第四节 内容"依旧"为王,你得懂内容营销

这是一个"内容为王"的时代。在本章第三节,我们提到了内容"种草",内容"种草"是内容营销的一种。随着线上红利逐渐消失,内容营销的载体从微博开始转向微信,又从微信分流到抖音。但其本质依旧不变,表明用户对内容越来越挑剔,并且不同的用户对内容有着不同的理解。

一切皆内容,任何可以表达产品、表现品牌的方式都可以成为内容。内容是产品或品牌与用户交流的载体,内容营销的关键是让用户主动关注而不是被动接受或单纯靠媒体曝光。而要想让用户主动关注,就必须有能够打动用户、引起用户关注的内容。内容应用得当,即使是沉睡用户,也能被激活。

内容营销本身其实是一个体系,并不是有了内容就能进行营销,也不是会营销就什么内容都可以加进来。这需要内容与营销、品牌相契合才能产生良好的效果,否则很难引起用户的关注,更别说激活沉睡用户了。

在我看来，内容营销的本质是持续为目标用户创作具有吸引力、高质量的内容。只有好的内容、有价值的内容，才能让你的私域流量保持旺盛的生命力！

那么，如何做好内容并且成功引起用户的主动关注呢？可以从以下几个方面入手（见图4-4）。

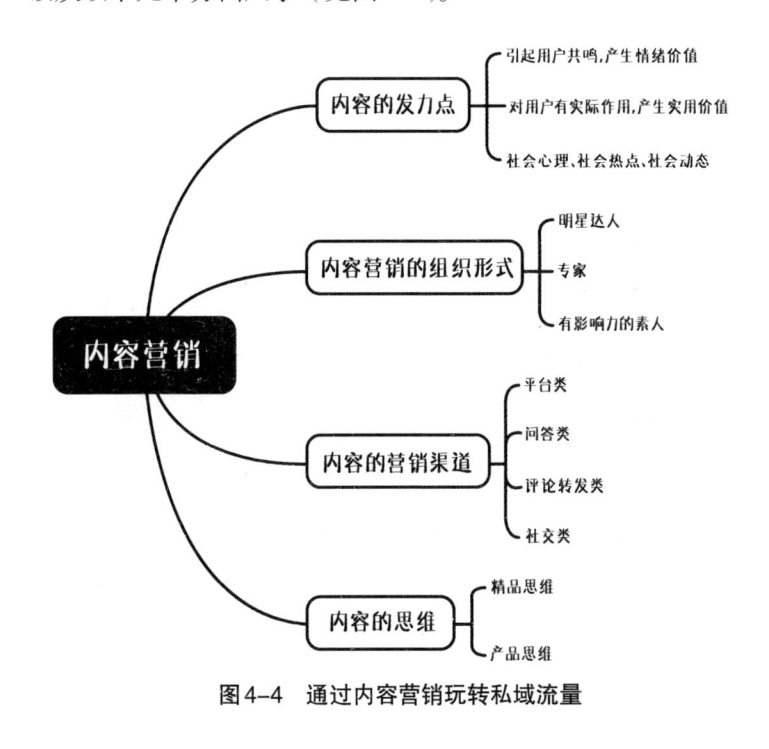

图4-4 通过内容营销玩转私域流量

1.内容的发力点

（1）引起用户共鸣，产生情绪价值。我们要发挥内容的情绪价值，做能打动人心的内容。能引起情感共鸣的内容会给人留下深刻的印象，也会让人保持持久的记忆。比如，近些年火爆全网的泰国广告，经常让人难以忘记，原因主要是抓住了观众的情绪点——要么非常搞笑,要么非常煽情。这样很容易打动观众,使内容产生情绪价值。

(2)对用户有实际作用,产生实用价值。对用户来说,除了能引起情感共鸣,对个人有帮助的内容也更容易让其记忆深刻。现在,科技类、教育类、美食类的题材都非常火爆,这说明人们都趋向对自己有帮助的内容。所以,如果我们在做内容时能够时常考虑用户的需求,那么将很容易提升用户黏性,提高用户的活跃度。

比如,为什么美团单独将"美团买菜"做成一个App?主要是为了更好地打入生鲜市场。"美团买菜"App中的活动多种多样,页面设计得也非常有趣,每次在用户买完菜后,还会为其适当推荐相关的食谱,为其提供做菜的思路。"美团买菜"正是通过这些多种多样的活动及各种优惠券,引导用户不断拉新、复购,从而打造自己专属的私域流量池的。

私域流量运营的本质其实就是与人打交道,研究人性,研究人的各种需求。当用户的需求不断得到满足后,你的私域流量池也就逐渐形成了。

(3)社会心理、社会热点、社会动态。人们对社会的热点和新闻总是抱有猎奇心理,因此围绕社会心理的内容及对于社会热点和社会动态的回应,可以体现产品或品牌的理念,向社会传达一种声音。

2.内容营销的组织形式

内容营销需要由少数人推送给多数人。这些少数人就是我们通常所说的关键意见领袖（Key Opinion Leader, KOL），也就是在某领域内具有一定影响力的人。KOL的影响力越大、波及面越广，内容就越容易触达用户。

KOL主要有以下几种。

（1）明星达人。过去，很多企业都喜欢请明星作为形象代言人。而随着各种图文、短视频、直播等的流行，一些网络达人也拥有了较大的影响力，如李子柒等。这种明星达人的推广是一种由上及下的推广。

（2）专家。用专家的专业性和权威性为产品或品牌背书，更容易赢得用户的信赖。

（3）有影响力的素人。一些有影响力的素人也成了一种重要的推广力量。作为普通人，他们能更真实地反映产品的使用感受。比如，河南某家假发工厂就特别招聘"广场舞大妈"当淘宝主播，通过大妈的展示宣传产品，吸引了大量买家。

3.内容的营销渠道

除了发动KOL进行推广，把内容放在好的渠道中推广也是十分重要的。内容无处不在，各种能推广产品价值的渠道都是内容的营销渠道，我们可以根据产品的属性，选择适合的营销渠道。比较常见的营销渠道有以下几类。

（1）平台类。平台类广义上包括各种平台，如电视、电影、综艺、游戏、各类视频等。

（2）问答类。这也是一种有效触达的渠道。通过提问、回答的方式与用户积极沟通，介绍产品或品牌，形式活泼生动、真实自然。

（3）评论转发类。表达用户真实感受的评论与转发受到很多人的喜爱，很多用户在购买前会主动看评论，根据评论判断是否购买产品。

（4）社交类。利用社交关系，以熟人为信用背书，也是一种有效触达的渠道。

4.内容的思维

（1）精品思维。随着内容创作的发展，低质量的内容逐渐被淘汰，只有精品的内容才能打动人心，赢得用户。因此，内容创作应具备精品思维。

（2）产品思维。内容需要结合产品，产品也可以用来做内容。将产品做成内容，可以丰富产品的内涵，拉近与用户之间的距离。

比如，2020年10月，在"11.11"全民购物狂欢节到来前夕，京东联合笑果文化打造了一个特殊的脱口秀节目《京东脱口秀大会》。该节目邀请了李诞、李雪琴、周奇墨等脱口秀演员及许多京东一线员工，以脱口秀表演的形式展现了过去在"11.11"购物中的行业槽点，并手把手教消费者如何制定"11.11"购物攻略，吸引观众参与讨论。这让人不禁感慨："原来京东还能这样。"

很多平台都可以尝试京东的做法，将产品做成内容，打造一个闭环的商业模式,这也是打造私域流量池的方法。

内容作为这个时代的重要力量,吸引了无数人的眼球。谁掌握了内容,谁就掌握了商业力量,拥有流量。打破固有思维,不断创作精品内容,通过内容让企业、产品/品牌直达用户眼前,是激活沉睡用户、玩转私域流量的一个有效手段。

今天的内容营销更多是要求企业生产和利用内外部有价值的内容,以此来吸引特定人群的主动关注,打造自己的私域流量池。在移动互联网快速发展的今天,越来越多的用户逐渐拥有信息的自主选择权,不再被外界所干扰。这时候,主动创作内容,吸引更多的用户关注,在用户进行决策时为其提供有价值的内容,就显得非常有必要了。

在我看来,如今,内容运营就是商业中最有价值的运营,只有将"内容"做好了,"运营"才能发挥其锦上添花的作用。

"内容为王"的时代已经到来,你准备好了吗?

小开给您划重点

(1)用户沉睡的内因和外因。
(2)AARRR模型的5个重要阶段。
(3)激活的路径和方法。
(4)内容营销的本质。

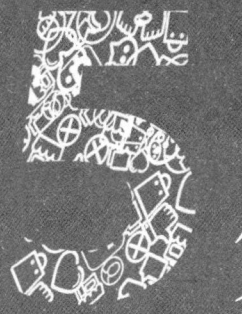

第五章
做好用户洞察，重新认识你的用户

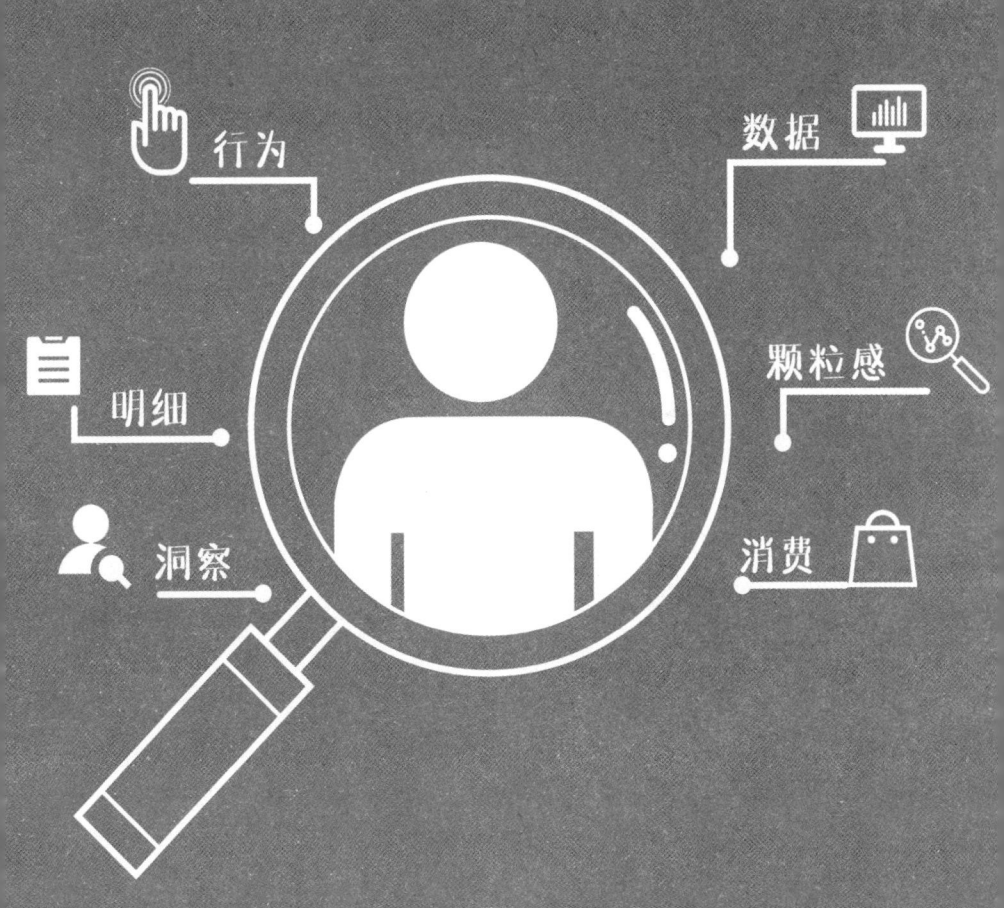

真正有效力、有结果的用户洞察，并不在于准确地把握某个或某类微观层面的用户，而是从宏观的价值、文化、精神等层面出发，发现主流的认知和趋势，只有乘势才能成功。因此，在未来的商业竞争中，用户洞察必然是一场没有硝烟的战争。其中，用户是第一竞争要素。唯有以强大的洞察力为探针，发掘用户的需求和痛点，为用户提供合心的优质服务，方可成就一番事业。

阅读指引

（1）消费洞察的内容是什么？
（2）如何破译用户密码？
（3）你的用户画像是什么样的？
（4）用户洞察的误区有哪些？
（5）针对"Z世代"，你的前景是什么？

> 所有伟大的需求都一定会用错误的方法或在错误的时间点试过很多次。
>
> ——王慧文（美团联合创始人）

第一节 消费洞察是营销成功的基石

在营销界，有一个广为流传的"卖鞋故事"。

两位鞋厂的销售员同时来到某个小岛开辟市场。他们发现，这个小岛上的人从老到小，都习惯赤着脚。看到这种情况，销售员A非常沮丧，心想："这里没有一个人穿鞋，自己怎么可能将鞋子销售出去！"于是，他无功而返，向公司报告："在这个小岛上卖鞋，没有市场。"

而销售员B的态度和销售员A截然相反，他觉得这里没有人穿鞋，是一个非常有潜力的市场。于是，他留下来展开了深入的调查，发现这里之所以没有人穿鞋，是因为小岛比较封闭，人们根本不知道什么是鞋子，并不是没有穿鞋的需求。有时候，为了避免礁石硌脚，人们在礁石上捡拾海蛎子时还会特意绑些海草。天气特别寒冷的时候，人们也会在脚上裹一些布或草御寒。所以，他开始大力向小岛上的人宣传穿鞋的好处，并将样品送给大家尝试，成功激发了大家对鞋的兴趣。

不久，销售员B回到公司写了一份非常详细的报告，不仅分析了该岛的市场潜力，还描述了当地人的生活习惯、脚型等诸多细节。根据这个报告，公司很快专门针对小岛上的人生产出了一批合适的鞋，结果销量惊人。

如今，越来越多的企业在营销模式转向"网红经济"之前，就已经在私域流量领域投入大量的人力和物力进行部署，以应对流量红利逐渐消失的趋势。在这个过程中，很多敏锐的企业对消费群体开始进行深入洞察，以使私域流量的转化率达到最高。

在上面这个案例中，相同的产品，同样的消费群体和消费场景，为什么销售员A和销售员B给出了完全不同的结论呢？其实，这主要取决于销售员的消费洞察能力。很多时候，消费者所表现出来的也许并不是其真正的需求和偏好，我们需要根据事物的表面现象敏锐且准确地察觉到事物背后的本质需求，这就是消费洞察。消费洞察意味着我们要对消费群体进行调查、研究与分析，以挖掘并尽可能地满足其真实的需求。

那么，消费洞察的内容到底是什么呢（见图5-1）？

1. 消费群体

了解产品的目标消费群体，即我们所面向的消费者是谁，这些人有哪些具体特征，并对其年龄、性别、职业、地区、收入等一些关键指标进行总结，以此进行人群画像。只有锁定了消费群体，才能更好地保障营销的精准性。

需要注意的是，这里的消费群体并不单纯指直接使用产品

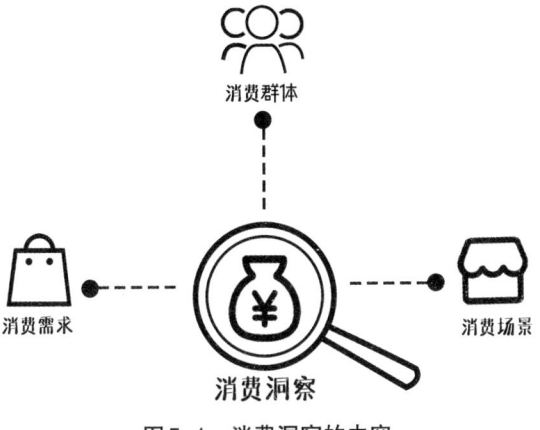

图5-1 消费洞察的内容

的人，还包括消费决策者。比如，一些与儿童相关的产品，如儿童课程、儿童保健品等，这些产品的直接使用者虽然是儿童，但是主要购买人群还是父母。因此，在制定营销策略时，也应该将父母视为主要消费群体，要了解这部分人对于产品有哪些需求。

总体来说，对于直接使用产品的群体进行洞察是为了发现其背后真实的消费群体，这才是私域流量池的主体。

2. 消费需求

需求与需要是两个不同的概念。需要是指人们某种短缺的感觉，是内外环境的客观要求在头脑中的反映。比如，人渴的时候需要喝水，饿的时候需要吃饭，冷的时候需要取暖……需要是促使人们消费的原始动机。

而需求是指人们在欲望驱动下的一种主观选择，不同消费个体的需求往往具有一定的差异。根据马斯洛需求层次理论，我们可以将需求由低到高分为5个类别：生理需求、安全需求、社交需求、尊重需求及自我实现需求，如图5-2所示。

如果说需求是私域流量的门槛，那么当我们满足了消费者的需求后，他们就可能真正成为我们的私域流量。

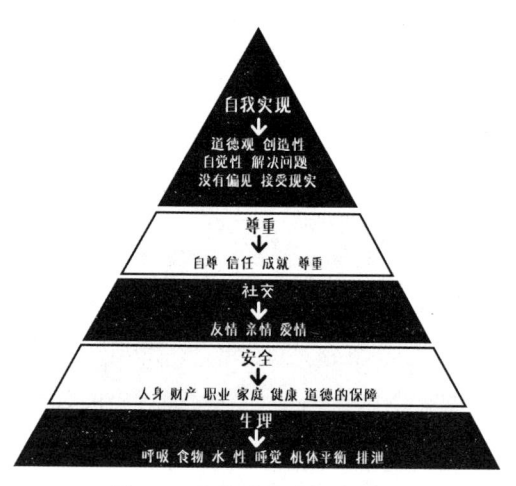

图5-2 马斯洛需求层次理论

从经济学上讲，你的产品能够满足的消费需求越多、层次越高，消费者的消费意愿越强，愿意支付的价格越高。

在实际的消费洞察过程中，消费者可能提出各种各样的要求。比如，消费者要求你的家具没有任何气味，其实他们并不是不能接受家具的气味，而是担心气味背后的安全隐患（主要是甲醛）。没有甲醛，对身体没有危害才是消费者真实的需求。因此，消费者要求并不等于消费者需求，事实上，很多时候消费者并不知道自己到底想要什么。

福特汽车公司创始人亨利·福特曾经说过:"如果我最初问消费者他们想要什么,他们会告诉我'要一匹更快的马'!"可以想象,如果当初亨利·福特朝着这个方向努力,就不会有今天的福特汽车。而当你深入研究后就会发现,他们真实的需求不是更快的马,而是更快的交通工具,只是在那个年代人们想不到比马更快的交通工具了。

适当听取消费者的建议非常重要,但是绝不能简单地将消费者要求等同于消费者需求,而是要更深层次地理解消费者。拨开表面迷雾,挖掘出消费者真实的需求,这就是消费洞察的意义,也是走进私域流量的契机。

消费洞察的目的是发现消费者真实的需求。那么,应该如何洞察消费者真实的需求呢?可以通过下面五步来进行。

第一步,把自己观察和发现到的现象清楚地描述出来。

第二步,把自己发现的问题或趋势总结出来。

第三步,学会反问自己:这是真的问题吗?消费者的想法、目的和行为方式都发生了哪些变化?

第四步,遵循这些"想法、目的和行为方式"的变化逻辑,重新描述自己的发现,最终发现背后真实的需求。

第五步,复盘第四步的整个推导过程,看是否充分、客观、合理。

通过这五步,我们就可以发现消费者真实的需求是什么了。

不难看出，随着营销模式逐渐增多，消费洞察的深度不再停留在消费者的表面数据上，开始深入挖掘消费者背后的更多需求。同时，消费洞察可以帮助我们预测那些消费者没有被激发的潜在消费偏好，及时了解什么领域的消费者适合打造私域流量池。

3. 消费场景

消费场景，即消费者使用产品的场景。消费者可能不能清楚地表达出自己的需求，但是行为不会骗人。

举个具体的例子。索尼在推出一款智能音箱之前，曾经专门针对音箱的颜色进行了调研，让大家在黄色与黑色之间投票，结果大部分人认为黄色更为合适。调研结束后，为了表示对大家的感谢，所有参与讨论的消费者均可以得到一个免费的音箱（黄色和黑色自选），结果非常出人意料：每个人选择的都是黑色的音箱。

私域流量中有很多直接变现的载体（如微信群），由于其定位、人群构成、互动方式、内容和服务不同，就会形成各种各样的场景。而索尼通过还原消费场景摸索出了消费者真实的需求，这也是构建私域流量池很重要的一环。

很多时候，受各种因素的影响，消费者"实际做的"与"嘴上说的"具有一定的差异，因此行为才是消费者需求最直接的体现。所以，要想了解消费者真实的需求，就要到消费者身边去，观察消费者的行为，如了解消费者如何使用产品，在使用时遇到了哪些困难。

通过关联具体的消费场景来挖掘消费者的需求，为消费者提供恰到好处的产品或服务，这是消费洞察中非常重要的一步。良好的用户体验往往来自无数的细节，而要挖掘这些细节，就必须回归到产品的使用上。

喜茶在进行产品设计时，就充分考虑到了消费者户外简陋的使用场景，于是在产品包装上采用了固定的纸盒，避免杯与杯之间发生碰撞，同时采用了可旋转杯口，以确保消费者可以轻松品尝到芝士和原茶混合的口感。

在移动互联网时代，消费场景变得越来越细分，消费者的消费需求也在不断变化与升级。因此，企业必须随时感知到消费者的这种变化，并且对营销策略进行相应的调整，只有这样才能有效避免潜在消费者流失。可以说，营销的落地一定是建立在消费洞察之上的。只有真正走进消费者的内心并理解消费者，才能发现新的市场机会，有效提升营销效率。

> 在当下这个流量稀缺的时代,仍存在一块罕见的流量洼地:庞大的线下交易群体和门店客流量没有数据化。
>
> ——张天一(霸蛮创始人)

第二节 从数据里破译用户密码

在私域流量的整体运营过程中,用户数据的积累和量化管理是一项非常重要的工作。只有对用户运营全流程的数据进行收集、整合和分析,才能准确洞察用户行为背后的规律,在运营流程和营销方式上找到优化方向,制定更加适合的私域流量经营策略。这就是用户洞察,它是消费洞察的一个细分门类。

比如,我们可以从某个用户的消费数据中,分析出该用户的一些消费习惯,为其设定一些标签,从而在投放广告时根据其习惯和标签对其进行精准投放。

总之,用户洞察必须建立在对用户实际行为的分析与了解之上,不能依靠直觉。而数据是用户行为最真实的记录者与反馈者,是我们进行决策最好的参照。用户数据越充分、越准确,我们就越容易洞察到用户真实的需求。因此,做好用户数据管理,也是用户洞察中不可或缺的一部分。

1. 数据获取

用户数据管理的第一步,就是进行用户数据的获取。首先我们要通过数据分析出我们的精准目标用户,然后实现精准获客,最后建立自己的私域流量池。通常有以下几个获取用户数据的渠道。

(1)内部经营数据。企业在经营过程中会产生许多数据,包括交易信息、订单信息、用户咨询信息、售后服务记录等。依靠当前的信息技术收集这些数据比较简单,我们要做的是对这些数据进行统计和分类,建立相应的数字化业务运营体系。

(2)外部数据。外部数据可以分为线上数据和线下数据。

线上数据是指从各大互联网平台获取的,与行业、竞争对手及目标用户相关的一些数据。这里所说的互联网平台,包括以微信、抖音等为代表的社交媒体平台,以淘宝、京东等为代表的电商平台,以知乎、豆瓣等为代表的知识问答平台,以及各类行业网站、论坛等。互联网为我们提供了海量的数据,如果能对这些数据加以合理收集和利用,就可以产生巨大的价值。

线下数据是指实体商业经营过程中所产生的一些数据。从这些数据中,我们可以得到许多具体的用户行为数据。比如,某超市内用户在选择洗衣用品时更偏向于哪种类型,是洗衣粉、洗衣液还是洗衣凝珠?哪些品牌的销量比较好?受技术的限制,线下数据的收集工作相对比较困难,手段通常比较原始,如派员工线下巡店、随机进行用户调查等。

(3)问卷调查与用户访谈数据。问卷调查与用户访谈是两种比较原始的调研方式。相比过去线下分发调查问卷、与用户当面访谈的方式,当前更多人喜欢通过网络工具来完成问卷调查和用户访谈工作。虽然这两种数据收集方式存在很多弊端，如问卷的发放给用户带来一定的困扰，影响用户体验，无法保证用户回答的真实性等，但不可否认的是，这仍然是我们直接获取用户数据、了解用户的两个非常直接的渠道。

2. 数据分析

收集数据的目的是通过分析数据，挖掘用户行为背后的真正意义，从而对自己的产品或服务进行改进，为用户创造更多的价值，从而实现更多的复购和推荐。因此，在获取数据后，我们要做的就是对数据进行分析。在具体操作上，我们可以先找到关键数据指标，并对这些指标进行相应的拆解，分析数据背后的意义，然后进一步优化业务模式和营销方式，以实现精细化运营。在大数据时代，数据驱动意识开始逐步渗透到各行各业。

在用户体验上，我们可以通过数据了解产品的用户增长与转化情况，了解在这个过程中有哪些让用户不满的地方，以此为依据调整产品结构，有效提升用户体验。

在用户的流失与召回上，我们可以通过数据仔细研究活跃用户情况、用户流失率，找到用户流失的原因，并进行预警与干预，避免更多的用户流失。

举个简单的例子。某App的运营人员在运营过程中通过数据调研和分析发现，有近60%的用户在卸载App时选择的原因是"注册流程太复杂""太费流量（前台/后台的流量数据消费）"。也就是说，大多数用户并不是对产品功能不满意。针对这一点，技术人员很快对App进行了调整，缩短了注册流程，并且关闭了App的后台运行功能，极大地避免了不必要的流量消耗。这样一来，极大地降低了用户流失率。

我们还可以针对已经流失的用户制定相应的活动策略，如推出一些老用户专享优惠活动等，以召回流失的用户。

总之，用户数据的管理与分析是用户洞察的底层逻辑，私域流量的运营需要利用数据来挖掘更多的用户价值。从用户的行为数据中，我们可以找到用户留存或沉睡的原因，从而进一步强化用户留存的动机，有效提升用户转化率与留存率。除此之外，我们还可以通过数据分析找到产品的哪些功能最受用户欢迎、哪些功能使用率最低，由此确定产品的优化方向，实现产品迭代，有效提升用户体验。

> 赢得竞争就要着眼于客户，企业的唯一目的就是创造顾客。
>
> ——【美】彼得·德鲁克

第三节　用户画像：大数据时代下的用户洞察

"用户画像"这个理念最早出自交互设计之父艾伦·库伯，是指建立在一系列真实数据之上的目标用户模型。简单来说，用户画像就是根据用户的人口属性、兴趣属性、消费特征等，提炼出的一个标签化的用户模型。比如，女，26岁，未婚，月收入6000元左右，美妆达人，喜欢旅游、美食；男，32岁，已婚，从事互联网行业，月均收入2万元，爱好打篮球，喜欢红酒……这就是两个简单的用户画像。

构建用户画像的核心工作就是通过对用户数据的分析，为其总结出一些精炼的特征。构建用户画像其实就是将用户数据标签化的过程。企业应根据产品需要，为不同的用户贴上相应的标签，以便更好地了解用户并为其提供有针对性的服务。因此，构建用户画像必须做好人设定位。

做好用户管理是在私域流量盛行的当下最应该做的事情，也是私域流量风口上最赚钱的运营方式。

举个简单的例子。假如你经常通过某电商平台购买一些早教玩具、纸尿裤等儿童用品，电商平台就可以根据你的搜索习惯和购买记录为你贴上一些标签，如"宝妈""0～3岁孩子"等，然后根据你的用户画像有针对性地向你推荐产品，以实现广告的精准触达和私域流量的累积。

构建用户画像的优点包括以下两个方面。

一方面，构建用户画像可以让产品的目标用户更集中。在用户需求日益多元化的今天，没有一款产品可以同时满足所有人的需求，因此目标用户不是越多越好，而是越精准越好。仔细研究市场上的成功产品，我们会发现大部分产品都有一个明显的特征：目标用户明确。比如，豆瓣针对的是文艺青年，苹果则面向追求品质、特立独行的人群……目标用户越集中，服务越精准，越容易获得用户的青睐。

另一方面，构建用户画像可以在一定程度上避免产品设计人员过于"以自我为中心"而忽略用户的真实感受，设计出一系列看似精致、唯美的功能或服务，却并不被用户接受。事实上，构建用户画像的最初意义就是让产品设计人员站在用户的角度设计产品，而不是凭借个人喜好。在大数据时代，企业更是期望能够对自己的用户有一个更为深刻的了解，围绕目标用户的特点和行为进行整体的营销策划，并实现对产品的迭代。只有当我们了解了自己的用户是谁、他们有哪些特点之后，才能明白在哪里可以更好地找到他们，什么样的活动对他们更有吸引力，怎样的文案才更容易引发他们的共鸣，怎样的功能更能够满足其需求……

那么，到底该如何构建用户画像呢？大体上可以参照以下流程，如图5-3所示。

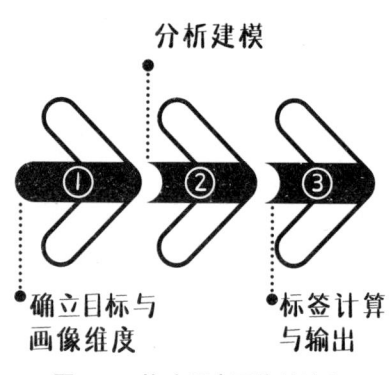

图5-3 构建用户画像的流程

1. 确立目标与画像维度

用户画像一定是建立在用户数据分析基础之上的,这一点其实也是本章第二节讲述的主要内容。不同的行业、不同的业务类型、不同的目标,其需要的用户数据维度也不同。因此,在构建用户画像之前要先考虑画像的目标,然后根据目标确立画像维度。

通常情况下,用户画像的数据主要包括人口属性、社会属性、消费特征、行为习惯、产品使用习惯等。用户画像的基础数据类型与具体内容如表5-1所示。

表5-1 用户画像的基础数据类型与具体内容

	基础数据类型				
	人口属性	社会属性	消费特征	行为习惯	产品使用习惯
具体内容	性别、年龄、教育水平、地域、职业等	家庭主要成员、婚否、社交情况等	收入水平、购买力水平、购买频率、主要购买渠道等	兴趣爱好、产品偏好、品牌偏好、互动内容等	用户打开App的频率,平均使用时长,有无分享、付费、留言、点赞行为等

2. 分析建模

针对收集到的基础数据，我们需要进行进一步的加工和分析，找到关键要素，提炼出相应的用户标签，并对收集到的数据进行行为建模，构建可视化模型。只有这样才能实现与用户的一对一精准沟通，实现线上和线下一体化运营，从而实现裂变增长。

3. 标签计算与输出

依靠 Hive、HBase 等大数据技术，对收集到的结果进行计算。数据本身其实是动态的，我们所收集到的通常是一个阶段性的结果。过去，受技术限制，数据的收集与处理往往是一个相对缓慢的过程，很多时候可能需要一天的时间才能得到数据计算的反馈结果。这远远不能满足企业对数据反馈的速度需求，特别是在风控等对数据实时性要求比较高的领域。

而 Flink、Kafka 等实时计算框架的出现恰到好处地帮助我们解决了这一难题。利用这些先进的实时计算框架，我们可以实现对实时数据的不断计算和输出，从而不断完善用户画像。

用户画像的所有数据要尽可能真实、准确、实时。数据量越大，用户画像维度越多，就越能够帮助我们更好地认识用户。但是，数据收集与分析的目的是更好地进行用户洞察，从而进一步优化业务。因此，在构建用户画像时，一定要注意数据的优先级排序，将最关键的数据作为最重要的画像标签。

除此之外，还需要强调的是，用户画像并不是一成不变的，我们需要随着用户行为、需求的改变而不断迭代、修正用户画像。

很多人都觉得私域流量很难做，其实真正难的不是做私域流量，而是根据不同的用户画像洞察每个用户的真实需求，并利用不同的渠道优势做到持续且真正意义上的用户增长。

第五章 做好用户洞察，重新认识你的用户

> 企业要为客户提供超预期的服务，加深与客户之间的情感联系，只有这样才能牢牢俘获客户的芳心。
>
> ——刘润（润米咨询创始人）

第四节　洞察误区：千万别进入自娱自乐的节奏

从某种程度上说，用户洞察其实就是对用户喜好和价值的一种深刻理解。其意义在于：首先，对于处于前期策划阶段的产品，用户洞察可以帮助企业更好地了解用户需求，从而设计出高满意度的产品，提升产品上市后的售卖率；其次，对于已经上市的产品，用户洞察可以帮助企业发现产品存在的问题，使其能够及时对用户反馈做出响应，从而有针对性地实现产品的优化、升级；再次，对于有营销需求的产品，用户洞察可以帮助企业有效降低营销成本，在明确目标用户及用户真实需求的基础上，实现精准营销……

而对于私域流量运营人员而言，用户洞察可以帮助其在无穷的信息中，迅速找到正确的方向，有效提升运营效率，更快、更好地走向成功。一位优秀的私域流量运营人员，一定具有超强的用户洞察能力。

在用户洞察的过程中，有4个常见的误区，如图5-4所示。

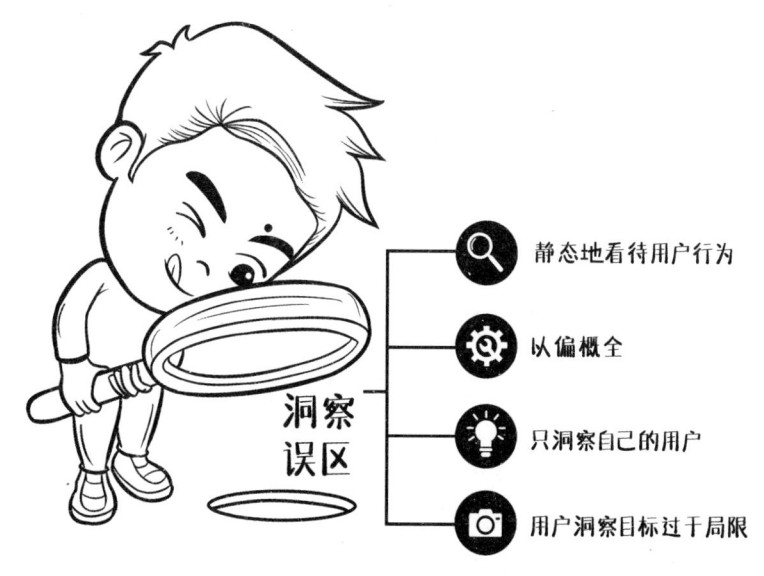

图5-4 用户洞察的四大误区

1. 静态地看待用户行为

无论通过哪种方式收集数据,我们所得到的数据和分析出的结果都基于用户一段时间内的行为。但是用户行为并不是一成不变的,而是会随着时间的变化而变化。

比如,某款产品刚推出新功能时,用户会觉得新鲜,参与热情高涨。但是随着时间的推移,具有类似功能的产品越来越多,用户开始不断尝试新的产品,对该产品的参与热情也就慢慢冷却。

因此,用户洞察也不是一成不变的,这是一件需要持续进行的、长久的事情。用户在成长,对其的洞察也必然随之变化。

2. 以偏概全

人的认知是有限的，很多时候，你以为的可能并不是你以为的，用户洞察也一样。很多人在进行用户洞察时，误解了换位思考的意义：他们并没有真正地去用户群中观察用户，而是将自己想象成了用户。这就失去了用户洞察的意义。

举个简单的例子。2018年5月，罗永浩在北京的一场发布会上推出了TNT工作站，宣称其是"重新定义下一个十年的个人电脑"。在产品设计上，其采用了"语音+触控"的操作模式配合系统，各种语音交互、语音指令功能看起来非常酷炫。有了它，用户可以直接使用语音完成表格与PPT的制作。但是，该产品在实用性、价格等方面均遭到了用户的严重质疑。从实用性上看，该产品的研发显然脱离了用户的使用场景，忽略了用户的直接需求：使用者在使用类似产品时，通常会要求保持安静的办公环境。

所以，我们在进行用户洞察时，一定要杜绝仅以第一视角思考问题，要融合多人的意见，真正到用户中去。

3. 只洞察自己的用户

许多人在进行用户洞察时，只将自己的用户作为洞察对象，却忽略了竞争对手的用户。要知道，知彼知己，百战不殆。

一方面，要知道目标用户最为集中的地方，其实就是我们的竞争对手那里。竞争对手的用户有消费需求且已经产生了消费行为，是我们最具潜力的潜在用户。因此，对于竞争对手的用户进行深刻洞察，能够帮助我们全面了解用户，创造更多的用户价值。

另一方面，我们的竞争对手不仅是我们的敌人，也是我们的伙伴和老师，我们能够从竞争对手身上学到很多东西。根据对竞争对手的用户的洞察，我们可以明确竞争对手的优势和自身的不足，取长补短，确定未来发展方向。

在具体操作上，我们可以先明确谁是我们的竞争对手，然后从中找到用户忠诚度较高的几个，搜集其用户信息，重点了解其用户反馈信息，如用户对竞争对手产品的评价、用户为什么会选择该产品等。

4. 用户洞察目标过于局限

用户洞察其实就是通过进一步观察、分析用户，挖掘用户真实的需求，从而有针对性地对产品或服务进行升级或迭代，使其为用户创造更多的价值。在实际操作的过程中，许多人进行用户洞察的目的就是针对某项业务进行改进，了解用户在某个方面的具体需求。这种只将目的停留在点上的行为具有极大的局限性。

真正的用户洞察应该围绕我们的产品或服务，通过用户数据管理、用户画像分析等，建立一套完整的洞察框架，并将其应用到产品的整个营销过程中。我们要以发展的眼光看待用户管理，将洞察目标拓展到产品的整个营销过程中，而不仅是为了解决某个点上的某个具体问题。

相信很多人都有过这样的经历：花费了很长时间进行用户调研，收集用户行为数据，了解用户反馈信息，自以为洞察到了用户真实的需求，但是到了真正执行的时候，却发现结果并不尽如人意。这时，你也许会感到疑惑，为什么用户洞察会失灵？其实，很多时候并不是用户洞察失灵了，而是你的洞察方向、洞察方法出现了偏差。现在，你可以回过头来看一下，你的用户洞察做对了吗？你是否走进了洞察误区？

> 打造私域流量一定是"CEO工程"。
>
> ——《超级连接》

第五节 读懂"Z世代",挖掘你的"钱"景

所谓"Z世代",是指出生于1995—2009年的一代人,同时也是真正意义上出生于互联网时代、成长于互联网时代的一代人。根据国家统计局2019年的数据,我国"95后"人数约为9945万人,"00后"人数约为8312万人,"05后"人数约为7995万人,"Z世代"人数合计约为2.6亿人(此数据不包括港澳台地区和海外华侨)。

时代的进步和社会环境的改变,造就了"Z世代"与以往各个年龄层的人都不尽相同的思想形态,这种不同体现在生活方式、消费理念和消费渠道等方面。根据移动互联网大数据公司QuestMobile的调研数据,截至2020年11月,在移动互联网活跃用户中,"Z世代"占据近1/3的江山,高达28.1%,且月人均使用移动互联网的时长更是接近175小时,比全网平均时长多出整整35小时,月人均使用App超过30个,同样多于全网平均值。

科技、社会和新兴思想等元素交相融合,构筑了"Z世代"独树一帜的生活方式,而此种生活方式也在一定程度上影响了他们的消费理念。易观智库在调查后发现,"Z世代"对大

额消费、超前消费的接受程度很高，有43%的人习惯使用信贷产品，在已经参加工作的群体中，这一比例甚至超过半数。难怪阿里巴巴原CEO、嘉御基金创始人卫哲曾直接表明：得"95后"者得天下。

如此庞大的一个愿意接受新事物、消费意愿高、消费能力强的流量池，是任何一个行业、任何一个领域都不得不去争取的对象。每家企业必然都希望尽最大的努力，将尽可能多的"Z世代"转化成其私域流量。那究竟该从何处下手呢？在我看来，"Z世代"是倾向于表达自我、追求情感认同的一代人，想要让他们成为你的私域流量，必须做好"Z世代"的消费定位，迎合他们的消费态度。由此，我总结了5点"Z世代"的消费特点，如图5-5所示。

图5-5 "Z世代"的消费特点

1. 兴趣与消费

较强的消费能力使"Z世代"的消费需求呈现出个性化及差异化的趋势，由此出现了不同的消费圈层。而根据不同的圈

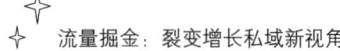

层建立不同的私域流量池，便成了很多企业的突破口。比如，热血执着的电竞游戏圈、力求尝遍世界美食的美食圈等，这些都可以以"Z世代"的兴趣与消费特点为突破口搭建自己的私域流量池。

与老一辈的实用主义至上的消费理念不同，年轻的"Z世代"更愿意为自己的兴趣买单，对于自己喜爱的事物及其衍生品往往会毫不犹豫地"一掷千金"。这一特点在二次元领域体现得淋漓尽致，如购买漫画及其周边产品、为相关游戏付费等。或许这就是有一些人将"娱乐至上"的头衔安在他们头上的原因。

然而，如果真正深入地研究过、了解过他们的圈子就会发现，"Z世代"中有很多人更愿意追求有实际价值、有质量的内容和产品，而非"无脑消费"。比如，拼多多公布的《2020多多阅读报告》显示，在文学小说的书目中，"Z世代"贡献了40%的订单，是当之无愧的最大的"拼书"群体。

2. 满足精神需求的消费

互联网是这代年轻人不可或缺的工具，已经成为其生活的一部分。随着私域流量的平台和工具逐渐增多，品牌的私域运营也变得越来越精细化。基于"Z世代"不同的精神需求偏好、不同的互动场景，通过提升其忠诚度和增加其复购次数，很多平台实现了从"流量"到"留量"的转变。

"Z世代"习惯于通过互联网拓展社交网络或进行内容创作，以表达自我价值，这也是B站、A站、小红书、知乎等旨在让年轻人以用户原创内容（User Generated Content, UGC）表现自我的平台广受欢迎的原因。这些平台在这个过程中迅速占领了市场，带动了相关的消费，以此盈利。

以B站为例。其在2020年发布的《后浪》《入海》等以认知自我、追求生活为主题的视频，切中了"Z世代"的精神世界，引发了"Z世代"强烈的情感认同，视频中的弹幕（用户在观看视频时写下的评论，在视频中滚动播放）就是最好的证明。

此外，"UP主"（视频制作者）可以在B站发布原创的视频内容，如对一部电影的点评和解读、一段舞蹈、一首歌曲等。通过视频，一方面，"UP主"可以向众多有相同兴趣的"陌生朋友"展现自我；另一方面，如果内容质量获得他人的认可，那"UP主"也能从中获益（精神层面和物质层面皆有获益）。在B站、"UP主"和观众三者的连接中，观众成为"UP主"的私域流量，而这两者又都成了B站的私域流量。

3. 文化消费

这里讲的文化不止传统文化，还有"Z世代"根据自我需求构筑的新时代文化，包括但不限于"懒文化""宅文化"。其实，所谓的"懒文化"也并非传统意义上的不劳动、好吃懒做，而是对便利的移动互联网依赖的惯性，如通过美团、饿了么等外卖平台享用美食。"宅文化"同样如此。相比外出游玩，"Z世代"更多的时候倾向于在家里玩游戏、刷视频或追求其他的兴趣爱好。文化的兴起刺激了私域流量市场变得更加热闹，正是"Z世代"的这些"懒文化""宅文化"，催生了这个时代特有的私域流量池。

4. "国货潮"消费

新一轮"国货潮"已经兴起，如李宁推出了一系列带有浓厚家国特色的产品，深受广大年轻消费者的喜爱。此外，安踏、大白兔、回力等国产品牌又一次回到了市场的竞争格局中，这也是"国货潮"复兴的表现。根据阿里研究院的报告数据，在这些国产品牌的消费者中，有超过半数是"Z世代"。因此，对于这些国产品牌的"复活"，"Z世代"是当之无愧的幕后推动者。

除了这些国产品牌，传统服饰——汉服也在"Z世代"的身上焕发了新的光芒。根据艾媒咨询发布的《2020 Q1中国汉服市场运行状况监测报告》，国内汉服爱好者的数量不断激增，增长率维持在70%以上，爱好者总人数超过350万人。

无论是"国货潮"，还是传统服饰，都是国内消费者民族自信、文化认同、社会认同等本质需求升级的结果，正是这种升级使"国货潮"领域的私域流量池变得更有中国特色。与此同时，国产品牌也把握住了这一新时代的红利，借势而起。

5. 粉丝经济

QuestMobile曾做过市场调研，结果显示有大概70%的"Z世代"愿意购买偶像的周边及同款产品，如玩偶、写真、服饰等，或者其代言、推荐的产品。以2018年为例，因"Z世代"支持偶像而构成的消费市场的规模已达到400亿元，其潜力和能量可见一斑。

需要强调的是,我总结以上5点"Z世代"的消费特点的目的是让大家在洞察用户时作为参考,而不是绝对化或生硬地描述某个消费者。此外,我认为在读懂"Z世代"并将他们转化成私域流量这件事上,洞察与定位都是双向的。我们在定位用户的同时,也要做自我定位,如产品是否满足了"Z世代"的需求、是否解决了"Z世代"的某些痛点?因此,从这个角度来说,用户洞察的过程就是一个双向连接的过程。只有找准了连接的方向,才能将他们转化成私域流量,才能更好地把握这一潜力无限的"钱"景。

小开给您划重点

(1)消费洞察的三大内容。
(2)用户数据管理的两大核心。
(3)构建用户画像的流程。
(4)警惕用户洞察的误区。
(5)"Z世代"的消费特点。

第六章
不懂留存,流量再多也白费

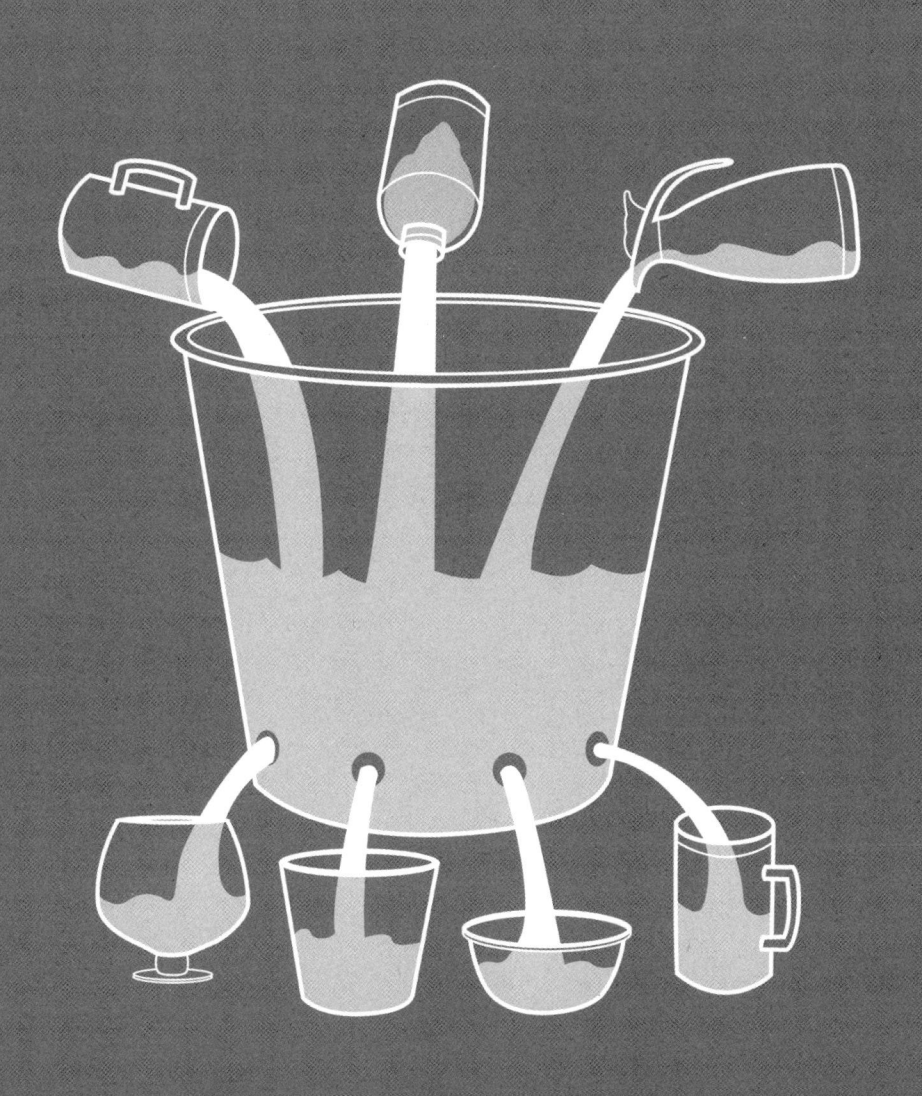

用户留存是一个重要的课题,是维持私域流量池的终极科学指标之一。如今是"流量为王"的时代,但具体到某个机构、某个企业,对它们来说,只有留存下来的、能够与之建立长期价值交换关系的流量才有实际价值。因此,从这个角度来说,流量竞争其实是存量竞争。

阅读指引

(1)当前有价值的留量红利是什么?
(2)什么决定了你的留存比?
(3)你需要什么样的留存载体?

> 我们要清晰地明确公域和私域两者之间的定位：公域流量运营要不断拉新获客，私域流量运营要不断维护留存。
>
> ——晏涛（社会化营销专家）

第一节　做好用户留存，抓住有价值的留量红利

什么是用户留存？在互联网行业，用户开始使用产品后，经过一段时间仍然在使用该产品，对该产品比较认可且逐渐养成使用习惯，这样的结果就是用户留存。在今天这个存量博弈的时代，如何将留存用户盘活、实现流量变现是每个企业都值得认真思考的问题。

在我看来，在用户开始接触产品的时候留存工作就开始了，留存率是评判产品价值的标准之一。如果用户愿意留存下来，就说明产品对用户来说是有价值的，能够让用户感到满意；反之，如果用户没有再次使用，就说明产品并不能满足用户的真正需求，对用户没有价值。如果企业能借着私域流量的红利期快速把用户沉淀到社群中，并成功盘活留存用户，就可以实现流量变现，形成流量的闭环。因此，在产品运营初期，留存率高低是判断产品是否有价值，是否值得继续"烧钱"运营的一个很重要的标准。

留存率的计算公式为：

$$留存率 = \frac{在第一天新增的用户中，在往后第N天依旧使用该产品的用户数}{第一天新增的用户数} \times 100\%$$

这里的第N天在计算时具体选择第几天，由产品的性质来决定。常用的指标有以下几种。

（1）次日留存率，即用户使用后第2天的留存率，可用于第一时间发现产品对用户的价值。

（2）7日留存率，即用户使用后第7天的留存率，可以反映出用户的留存情况。

（3）30日留存率。一般来说，产品版本的迭代以一个月为一个周期，第30天的留存率可以反映出用户对版本迭代的反馈。

（4）周留存率，即将每周对应的留存率连成曲线，可用于表现忠诚用户的留存情况。

留存率一般分为刚开始的振荡期、之后的选择期和最后的平稳期。为了帮助大家更好地理解留存率的变化，下面将展示一个日留存率的模拟图，如图6-1所示。

图6-1中的横轴代表天数，纵轴代表留存率。在使用产品的第1天，留存率从100%降到27%，这期间为留存的振荡期；从第2天到第7天，留存率从27%缓慢降到10%，这期间为留存的选择期；从第7天开始，留存率达到平稳的状态，保持在10%，这期间为留存的平稳期。

那么，我们到底应该如何提升用户留存率，让用户留存下来呢？具体有以下4种方法。

图6-1 日留存率的模拟图

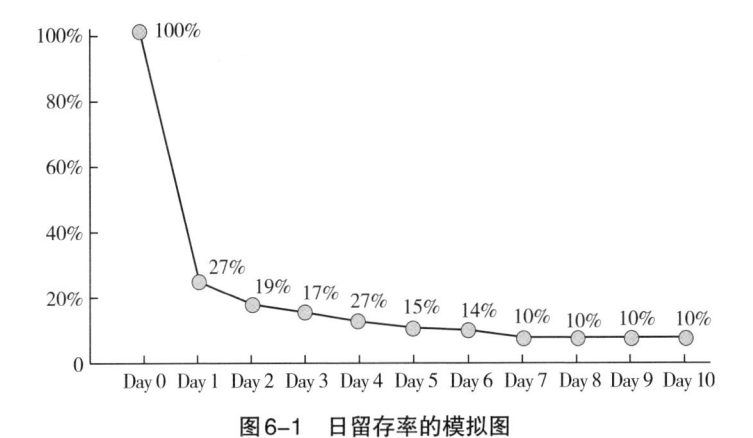

（1）产品能满足用户的直接需求。只有满足用户需求的产品才能吸引用户，这是用户留存的底层逻辑。如果产品一开始就不吸引用户，则说明这个产品的核心功能不能真正满足用户需求，对用户来说没有价值。

（2）产品要在窗口期内让用户感受到价值。在用户接触产品后，应保证其在窗口期内感受到产品的价值，从而使其不断体验产品，加深印象，只有这样才能使用户逐渐转化成稳定的留存用户。如果产品没能在窗口期内有效触达用户，则很可能被用户遗忘。如图6-1所示，产品的窗口期为7天。

（3）产品能持续满足用户在不同阶段的不同需求，并且没有替换产品。在这种情况下，用户会持续使用该产品，习惯性留存，从而成为忠诚用户。另外，有些用户可能被产品的某项功能吸引，逐渐成为留存用户。

（4）产品跟用户联系紧密，不仅在功能上联系紧密，而且在用户的生活中联系紧密，替换成本比较高。因此，即使有替换产品，用户也不会轻易替换，而是继续留存。例如，像微信这样的产品，在用户的生活中联系紧密，一般情况下用户是不会替换的。

在留存下来的用户中，有些用户不仅在短期内活跃，也会长期活跃，还会带动别的用户活跃，甚至带来新用户，产生新流量。这样的用户就是高价值留存用户，即高价值留量，也就是有价值的留量红利。高价值留量是私域流量里最具竞争力的流量，谁能抓住高价值留量，谁就能在私域流量2.0时代占领高地。因此，我们不仅要提升用户留存率，还要引导留存用户成为高价值留存用户，并且采取策略抓住高价值留存用户。具体可以采取以下两种策略。

1. 建立Hook模型

Hook模型就是把用户使用产品并养成习惯的不同阶段分解成对应的4个激励过程，即触发（Trigger）、行动（Action）、多变的奖赏（Reward）、投入（Investment），如图6-2所示。

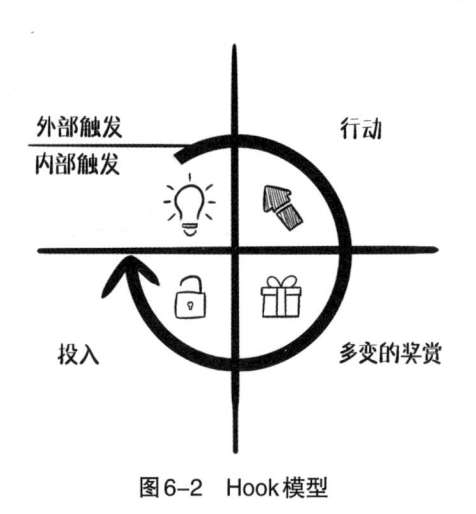

图6-2 Hook模型

（1）触发，即引起用户的注意。触发点有两种：外部触发和内部触发。外部触发即外因引起的用户注意，如广告、红包激励、朋友圈分享等；内部触发即基于产品的正向体验而引起的用户注意，如情感共鸣、情感触发等。

（2）行动，即促使用户行动起来。这一阶段要求产品满足用户的直接需求，符合用户的心理预期。

（3）多变的奖赏，即通过奖赏的激励作用，让用户逐渐"上瘾"。通过不确定的奖赏，激发用户的好奇心和被奖赏的满足感，形成强烈的渴望。

（4）投入。用户在使用产品时，必定投入沉没成本，不仅包括金钱，还包括时间、精力、情感等。用户投入得越多，留存的可能性越大。

2. 设置提醒、激励和成长机制来吸引用户成为高价值留存用户

（1）通过日常推送和更新提示，吸引用户持续使用产品。Push（一种无论是否打开App，都可以把消息推送给用户的方式，具有形式多样、成本更低、触达更有效的特点）、短信推送等，虽然有骚扰用户的弊端，但是也可能是最有效的触达用户的手段，前提是把控好推送的时间、内容及频率。同时，要注意保持固定的产品更新频率，使产品保持持续的鲜活力和吸引力。

（2）通过积分、打卡、签到系统及小游戏或其他小功能来吸引用户，给予用户奖励。

（3）通过用户等级活动将用户纳入成长机制，激发用户对高等级的追求感和拥有感，进而成为忠诚用户。

（4）设置拉新激励等活动，引导用户不仅自己成为忠诚用户，更能不断拉新，最终成为高价值留存用户。

留存被称为一门"玄学"。我们不仅需要掌握留存的方法，更需要用心对待它。整个用户生命周期就是不断促使用户留存的过程，这就要求企业既要提高短期内的留存率，也要关注培养中长期的高价值留存用户。从用户接触产品开始，持续开展留存工作，引导用户逐步成为留存用户、忠诚用户、高价值留存用户，不仅要做好用户留存，更要抓住高价值留存用户。

> 公域流量负责拉新，私域流量负责留存，公域和私域是不可分割的，应该相互依托。
>
> ——刘润（润米咨询创始人）

第二节 留存路径的通畅度决定你的留存比

本章第一节提到，在用户开始接触产品的时候留存工作就开始了。留存是私域流量的起点。所以，留存的路径就是从用户开始接触产品到不断留存用户，直到把用户转化成留存用户甚至忠诚用户的过程。这条路径中每个环节的留存率都显示着用户留存的情况，也表明了留存路径的通畅度。一般来说，留存路径越通畅，留存率越高。可以毫不夸张地说，留存路径的通畅度决定了用户的留存率，也就是你的留存比。留存率越高，私域流量池也就越大。

如果把用户开始接触产品作为起点，把用户最后的留存情况作为终点，把这两点之间的连线想象成路径，那么这条路径可以有两种：一种是从起点到最终成为留存用户甚至忠诚用户；另一种是在半路因为各种原因而在不同的节点上流失。留存运营就是努力促使用户走第一条路，最终留存下来，成为留存用户甚至忠诚用户，最后成为自己的私域流量。

想要保持留存路径的通畅，先要了解在这条路径上有多少个环节。通常情况下，可以将留存路径分为用户预期、用户进入、用户体验、用户触点4个主要环节。理想的留存路径是：用户通过用户预期接触并使用产品，在体验的过程中，自身的需求得到满足，同时不断被用户触点激发，对产品形象或功能产生印象，最终成为留存用户，如图6-3所示。

```
用户预期 → 用户进入 → 用户体验 → 用户留存
                        ↑↑↑
                       触点 触点 触点
                       触点 触点 触点
                        ↓↓↓
```

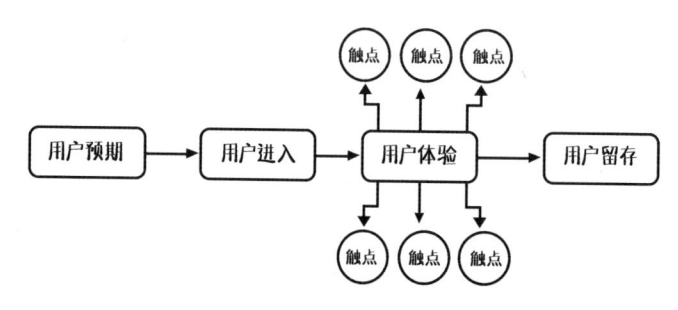

图6-3　理想的留存路径示意图

1. 用户预期

用户预期就是用户对产品的预期。不同用户在不同阶段对产品的需求和预期不同，应从源头开始，分析目标用户的特征，看产品是否能够满足不同用户的预期。用户预期可以分为：短期预期，即刚接触产品时的直接需求（惊喜时刻）；中期预期，即对产品核心功能的需求（需求习惯）；长期预期，即产品对用户的长期价值（可以反复体验的价值）。

对用户预期的管理，一是要确定产品能提供什么功能，如在什么场景中能提供什么功能、解决什么问题；二是推测用户的合理预期，即用户有什么需求。我们可以对已经留存的用户做问卷调查，了解用户留存下来的原因和对产品的体验，同时根据用户在不同行为中的留存情况，判断用户对产品的需求。

一般来说，产品越符合用户预期，用户越容易留存下来。因此，在实际操作中，运营和流量获取两个部门之间的信息要匹配，共同提炼出合理的产品形象和广告关键语，使产品的实际功能与用户预期相符，否则容易因为产品功能与用户预期不符而造成用户流失。

例如，流量获取部门为了获取流量，一味采取"蹭关键词"的做法来吸引用户，而忽视对产品实际功能的宣传，这样吸引来的用户自然会流失。

2. 用户进入

用户对产品产生预期后，很有可能接触产品，这时留存路径真正的起点就开始了。互联网产品一般有多种获客渠道，如应用商店、搜索引擎、H5信息流、行业KOL、传统广告、商业合作等，我们需要基于成本、产品属性和用户群体，制定合理的获客渠道组合策略，尽力做到效果最大化、获客精准化。

3. 用户体验

用户体验行为是用户在接触产品后使用产品的具体行为，如点击了哪个网页、使用了产品的哪些功能等。通过对用户体验行为进行细分，我们可以得到多个备选行为，计算这些备选行为的留存率，留存率最高的备选行为即为用户体验的关键行为。关键行为是用户得以留存的关键。分析关键行为可以确定产品对用户的最大价值，企业可依此继续优化产品，提高产品的价值。同时，通过分析其他备选行为的留存率，明确产品的问题，提升留存路径的通畅度，提高整体留存率。

举个简单的例子。某款视频App的运营人员在分析用户体验行为时，将用户体验行为细分为观看综艺和影视剧、观看直播和小视频、发布作品、社交评论、转发视频等多个备选行为，然后对各个备选行为的日留存率进行记录与分析。通过对比发现，观看综艺和影视剧的用户留存率最高，由此可以判断这就是用户体验的关键行为。那么提高综艺和影视剧的质量无疑可以更好地满足用户需求，提升用户体验，从而有效提高用户留存率。此外，还可以分析用户的其他备选行为留存率较低的原因，设法提高其他备选行为的留存率，提升留存路径的通畅度，提高整体留存率。

通过对用户体验行为的监测与分析，并与行业内的数据进行对比，判断用户不同行为的留存率是否达到行业平均水平，并且确定转化过程中留存率漏斗的比例，有利于我们判断企业的运营策略是否正确，帮助我们及时找到问题，从而提高留存率。这个环节的关键在于要细化用户体验行为，细化程度越高，对用户体验行为的分析就越透彻。

用户体验的好坏直接影响到留存率的高低。提升用户体验的目的是培养用户的使用习惯，影响用户心智，给用户留下深刻的印象。这样即使用户短暂流失，我们也可以通过推送手段，与用户重新建立连接，让用户再次进入留存路径，开始新的体验。好的留存运营是在用户体验结束后依然留下"钩子"，帮助我们成功留住用户，与用户保持连接。用户与产品的连接关系越强，替换成本就越高，用户就越难流失。

4. 用户触点

在用户的体验行为中，应该全面管理产品对用户的触点，使产品与用户更好地连接，保障留存路径的通畅。什么是用户触点呢？用户触点就是在用户使用产品的过程中，对用户体验产生直接交互作用的一个个触点，如图片、图标、按钮、浮窗等。

对用户触点的分析，可以采用3W1H触点检验法，检验触点是否符合目标用户的使用习惯、审美偏好、情感体验等。3W1H即Who、When、What、How，具体就是：触点要触达的用户是谁？用户在什么节点、什么场景下接触到该触点？接触到该触点时用户的体验是什么？打算通过什么策略来让用户在接触到该触点时体验良好？

通过整理这些问题，对触点进行盘点，当发现有些触点带给用户的体验不佳时，就需要对这个触点进行优化了。触点是产品理念实现的载体，也是与用户交流的载体。当触点符合用户需求时，用户就会有良好的体验。因此，关注触点所表达的内涵，给用户更好的体验是留存用户的必要途径。

举个简单的例子。在某直播活动中，打赏的对话框为"请发表你的观点"。这个触点虽然引导用户在打赏时发表评论，但是不够生动活泼，如果改成别的引导语，则更有利于用户体验和用户交流。参考知乎的评论引导语"评论千万条，文明第一条"，既起到了规范评论的提示作用，也让用户感到幽默风趣。那么，对这个直播打赏的引导语，你有什么更好的想法呢？

优化触点的第一个核心是单变量实验,即对产品的触点依据主次进行优化,每次只优化一个触点,然后通过A/B测试法判断优化是否有效,这样能分辨出不同触点对留存率的影响。优化触点的第二个核心是快速迭代。快速进行触点的优化能够及时改善用户体验,有助于用户留存。在观察触点优化的结果时,不仅要观察优化后产品的单个功能的留存率,还要关注产品的总体留存率。

用户触点是用户体验产品功能的直接媒介,往往会实时提醒用户本产品的卖点、专业度、丰富度等。因此,不要放弃每个影响用户心智的机会,用更加颗粒化的触点优化带给用户更好的体验,提升留存路径的通畅度。

总之,留存路径是否通畅对用户留存率高低有着深刻的影响。通过这4个关键步骤,持续打造通畅的用户留存路径,是每位私域流量运营人员的必修课。

> 流量和社群都只是手段，产品才是最终能够打动人心的关键。
>
> ——明月（逸红颜旗袍联合创始人）

第三节　留存载体需要"千人千面"，切勿单一

什么是留存载体？根据字面意思，留存载体就是吸引用户留存的载体，既可以理解为留存通道，也可以理解为吸引用户留存的产品或服务，还可以理解为用户感兴趣的页面或触点等。这个载体可以是线上的，也可以是线下的。在私域流量里，凡是能承载流量并把流量引入私域里留存下来的载体都可以称为留存载体。

何谓"千人千面"？之前提到的用户细分可以看作"千人"的一种。除了进行用户画像，还可以对用户的购物习惯、消费行为及用户与品牌的关系进行细分。细分后的用户对企业来说就不是平面的形象，而是栩栩如生、有各种需求和爱好的立体的"千人"形象了。面对这样的用户群体，自然不能"一刀切"，用一种策略对待，而是应该以"千面"来对待不同的用户，力求满足用户的需求或帮助用户进行决策，有效经营用户关系，使用户成为企业私域流量里的"铁杆"粉丝。

在互联网商业里，根据"千人千面"的原则，除了从产品上下功夫，在留存载体上也可以精细化运营。

例如，淘宝会依据用户的购买习惯或曾经浏览过的页面，推测用户的需求或喜好，使用"Push"告知用户或在用户第二次登录时，动态地推出相关的产品推荐。这样既帮助了用户进行消费决策，也为用户的留存设置了"钩子"，以此吸引用户。也就是说，"钩子"会把用户吸引到留存载体上，让用户成为其私域流量里的忠诚粉丝。

那么，在私域流量运营过程中，在面对用户群体时，如何做到"千人千面"呢？

互联网行业有一个优势，就是可以在后台浏览用户行为，给用户贴上各种各样的标签。在移动互联网时代，标签极为重要。在私域流量中也可以使用贴标签的方法区分不同的用户，对不同的人群制定不同的策略和营销方案。标签不宜过多，否则会很难区分。从商业的角度出发，可以从以下几个方面给用户贴标签。

1. 基本属性类

基本属性类即根据用户的会员等级、累计消费水平给用户贴标签。根据这类标签可判断用户的忠诚度。这类标签适合复购率高的商业领域，可以根据用户的不同标签，采取不同的营销策略或互动策略来留存用户。

2. 购物周期类

购物周期类即根据产品的购买周期给用户贴标签。这类标签比较适合定期复购的消耗品，如化妆品类。根据用户最后一次购买的月份可以基本推知用户下次需要购买的时间，在用户快要用完产品时，可以提醒他回购，或者推荐一款新产品。这类私域流量与用户关系紧密，可以实时与用户交流产品使用情况，维护用户关系。

3. 购物偏好类

购物偏好类有两种：一是根据用户的特定需求形成的购物偏好；二是用户的个性化购物偏好。例如，汽车用品企业要根据用户购买的车型来提供相应的产品；而汽车装饰企业就可以根据用户喜好来提供相应的产品。此外，还有的用户是价格敏感型用户，那就需要用优惠活动等来影响用户的购物偏好。

4. 互动关系类

这类标签可以把用户分为弱关系用户、中关系用户和强关系用户。我们应根据关系的强度不同，制定不同的策略来满足用户需求，有效经营流量。

弱关系用户是指购买过一次产品的用户。此类用户的信任度还没有建立起来，用户的"终身价值"远远没有被开发。所以，对于弱关系用户，需要多互动、多维护、少推销。在推销老品或清理库存时，可以通过价格刺激和高性价比来吸引弱关系用户，增强用户的信任感，逐步推动弱关系用户转化成中关系、强关系用户。小米的"橙色星期五"营销方式就是一个非常经典的案例。

小米在做MIUI系统时曾做了一个疯狂的举动，就是建立了一个10万人的互联网开发团队，主要目的是让MIUI团队和用户互动。因为MIUI系统的主题色是橙色，那天又是星期五，所以那天就被称为"橙色星期五"。

当时，MIUI团队会在每周五公布一些有价值的、还不完善的想法，让用户在规定的时间内提交使用体验报告。通过这一报告，小米总结出了用户最喜欢哪些功能、不喜欢哪些功能及哪些功能需要改进。

这些用户以自己的方式积极参与MIUI系统的迭代，他们由最初的弱关系用户转化为中关系、强关系用户，最后成了小米的私域流量。

中关系用户是指复购1～2次的用户。这类用户开始认可产品、了解产品。因此，一定要用心维护这类用户，努力把中关系用户转化成强关系用户。此外，还可以根据用户的购物偏好适当推荐其他产品，增强用户的信任感，有新品上市时也要及时推送，使用户与产品产生更多的连接。

强关系用户是指复购3次及以上的用户。这类用户的忠诚度比较高，是最需要珍惜的用户。这类用户是产品最好的代言人，是未来裂变的种子用户。对于这类用户，可以直接发"硬广"，并且通过一定的激励措施，促使其发生裂变。当推出新品时要首先请这类用户体验并互动，使产品的成长过程中有强关系用户的身影，让产品跟着用户一起成长。拥有这类用户，是产品的荣幸，因此可以做一些特别的设计，使其享受强关系用户的特殊待遇。

这些商业领域的用户标签可以做到"千人千面"，使营销更加精准，也可以在不打扰用户的前提下，最大限度地转化用户。

对于非商业流量池的留存，其留存载体也应以用户为中心，在留存通道和用户触点上"千人千面"。

（1）留存通道的"千人千面"。不同的通道可以触达不同的用户，而不同的用户有不同的通道使用习惯，可以有针对性地选择留存通道。比如，有的用户喜欢用微信公众号，有的用户喜欢看小视频，有的用户常听有声读物等。我们应根据自身产品的性质和企业的营销战略来组合不同的通道，对不同的用户采用不同的触达通道。

（2）用户触点的"千人千面"。触点的作用本身就是连接用户，建立品牌或产品形象。触点的"千人千面"更加体现出企业对用户不同个性和需求的关注。比如，各种类型的Push，以及Push的时间、频次、语言等，无一不显示着"千人千面"。再如，签到系统的设置、活动激励机制的设计等，都可以根据不同的用户做到"千人千面"，于细节处彰显对用户及用户需求的重视，以培养用户感情，留存用户。

除此之外，留存载体也可以通过跨界、融合、增值来满足不同用户在不同阶段、不同方面的需求，做到"千人千面"。在私域流量里，可以利用社群生态思维，使产品在满足用户需求的同时，通过跨界生态圈来融合、增值，做到"千人千面"。

总之，用户需求是留存载体"千人千面"的核心。我们应通过对用户需求的不断细分，运用不同的营销策略和科技手段，使留存载体呈现不同的形式来连接用户、培养用户，满足用户需求，不断地把用户转化成留存用户甚至忠诚用户。如果留存载体只有一种形式或不发生变化，那就满足不了不同用户的需求和用户在不同阶段的需求，也就留存不了用户。所以，留存载体需要"千人千面"，切勿单一！

> 获客成本越来越高，竞争越来越激烈，每个企业都要考虑如何深挖用户的"终身价值"。
>
> ——刘润（润米咨询创始人）

第四节　常见的五大留存通道及方法论

微信作为一款现象级的超级App，以其丰富多样且便利的功能赢得了大家的喜爱，成为一款当之无愧的全民社交沟通工具。对于企业来说，如此精准、庞大的一个流量池，绝对是不可忽略的重要战场。下面以微信生态为依托，详细阐述留存用户的五大通道：个人微信号、微信群、公众号、企业微信和视频号。

1. 个人微信号

它最主要的特点是免费、实时连接且没有时间、地域的限制，能够真正实现全天候与用户建立连接，是留存用户最直接、最及时的一种方式。个人微信号的商业价值是随着微商的崛起而被一点点发掘出来的。虽说在微商刚兴起的时候并没有私域流量的概念，但个人微信号能与用户直接建立连接的巨大作用已经深深地印入了人们的脑海之中。更为关键的是，此连接如果维护得当，就可以稳定地持续下去，这对于留存用户来说，简直再合适不过了。

但个人微信号作为留存通道的不足之处也很明显。比如,为了追求效率,很多微商往往会选择一对多的传播方式,即通过朋友圈向用户传播产品内容和产品价值,而且通常会选择刷屏来引起更多人的注意。这种做法对于有购买意向的人自然能起到理想的效果,可是对于一些有购买意向但不强烈,甚至没有购买意向的人来说,刷屏的方式很容易给他们造成心理负担,进而使其产生厌烦、抵触情绪,对用户留存产生负面效果。

当然,需要强调的是,微商刷屏传播内容的方式早已被时代抛弃,我把它放在这里,一方面是想介绍个人微信号作为留存通道的短板,另一方面是想告诫各位,在与用户沟通时,一定要选择有温度、有深度、有专业度的方式,让用户自愿留在我们的流量池中,不能做广撒网、愿者上钩的机会主义者。

2. 微信群

微信群解决了微商刷屏传播内容的尴尬,同时兼顾了一对多的传播效力。从留存用户的角度来说,每个加入微信群的用户,其实都先天性地带有一定程度的信任和黏性,这是留存成功的关键。此外,微信群作为一个既封闭又开放的交流通道,如果其内容有足够的竞争力和吸引力,那么在达到留存用户目的的同时,也能突破本微信群的壁垒,实现更强大的宣传效力,甚至可能吸引更多的流量。

微信群的不足之处,或者说对运营人员的要求是,必须连续地产出高质量、有吸引力的传播内容。从用户的角度来说,将微信群作为获取信息的通道不仅方便,而且可选择项众多。这就意味着,如果某个群里的内容质量达不到用户的心理预期,或者相比前期内容质量有所下降，他们就有可能择其他的良木而栖。

3. 公众号

公众号正式兴起于2012年，经过多年的发展已经在大众的心里留下了深刻的印象。公众号分为订阅号和服务号。订阅号的自由度比较高，可以更多地与用户互动，但信息会被折叠在用户所有的订阅号文件夹内，打开率不高；服务号相对来说更为开放，每天都能推送模板信息，而且能在用户的聊天框中显示，打开率相较可观。

但是，公众号的红利期已经过去，用户对于公众号内容的阅读欲望一再下降，打开率明显降低。而且，享受到红利的公众号已大多将市场分割完，用户会更多地选择已关注的公众号，而非寻找新的公众号。此外，和微信群一样，公众号的内容质量才是留存用户的关键，其要求甚至更高。

4. 企业微信

企业微信是一个功能非常完善、被封号的风险相对较小的私域流量载体。它打通了微信，让企业获客变得更便利。企业微信与微信的功能非常相似，企业可以通过企业微信头像、签名的设置等打造其人设IP，拉近与用户之间的距离，提升用户黏性。

相比而言，个人微信号大量引流容易被封号，而企业微信在这方面的风险就要小得多。所以，企业微信是比较好的用户留存通道。关于企业微信，我会在第七章进行详细的介绍，这里不再赘述。

5. 视频号

微信视频号于2020年1月22日正式上线。它不同于以往的订阅号、服务号，属于一个全新的内容创作平台，也是一个了解别人、了解世界的新窗口。

视频号吸引用户的并不是产品，而是商家精心制作的视频内容。这些内容可以吸引更多的用户停留观看，从而形成一定的转化率。

虽然视频号作品的整体流量相对较少，但它可以把微信群、朋友圈、公众号全部打通，甚至可以直接引流到公众号文章。所以，视频号的每次曝光就变得非常珍贵。

视频号的推荐机制大多是熟人关系链。它有点像小巷子里一个没有名气的小饭店，刚开始有些不起眼，但通过人们的口口相传（点赞、分享），它很快就成了人们争相来"打卡"的圣地。

视频号通常和企业微信一起运营。用户可以在企业微信里看到他人分享的视频号，并且通过群发助手分享给他人或分享到客户群中，以吸引更多的人进来观看。

以上就是微信生态中的五大留存通道。通常而言，我们只需要选择擅长的1~2个进行操作即可，否则运营成本会很高。而且，集中精力打1个通道要比分散精力打5个通道的效果好得多，"贪多嚼不烂"说的就是这个道理。

找到了合适的留存通道，接下来就是具体的留存方法论。

我根据多年来运营私域流量的实际经验，总结出了3个"有"：有温度、有专业度、有价值。这是一套基础性的、跨平台的、跨通道的方法论，不只是微信生态，其他场景也适用。

（1）有温度。有温度是指在试图留存用户时要先与他们建立情感连接，把他们当成朋友或学生，而非简单地将其作为一个消费者来看待。人类本身就是情感动物，只要我们付出有温度的情感，别人就一定能体会到。而且，通常用户获取信息的途径不止一个，因此他们在做最终的选择时，一定会把有温度的交互放在首位。

具体的做法也很简单。比如，重视用户的每个反馈，哪怕是微不足道的一句评论；对于用户提出的问题，要给予足够的重视，给出力所能及的解答；而对于用户提出的意见或建议，在适当的情况下，也要进行相应的改变。

（2）有专业度。这一点算是基本要求，也是极为重要的一个影响因素，它甚至决定了用户是否愿意留存、是否给我们展现服务温度的机会。

以公众号为例，专业度最基本的体现就是原创。公众号中充斥着太多无价值、无意义的冗杂内容，导致用户无法在第一时间从这些"鸡肋"的内容中找到原创的、有专业度的文章。久而久之，用户就不再从公众号中寻找自己需要的内容了。这同样是一个警示，如果我们输出的内容与其他内容创作者的一般无二，没有任何的吸引点和竞争力，就无法谈留存用户。

专业度的另一个体现是集中精力深耕一个擅长的垂直赛道。

比如，想要运营一个卖护肤品的微信群，那么我们在传递内容时，就集中在护肤品领域，讲自己的使用体验，讲某款产品的效果和性价比，讲产品的对比等。

（3）有价值。除服务的温度价值、内容的专业度价值外，还要有看得见、摸得着的实用价值，如抽奖、积分兑换奖品、优惠券等。其实，我们并不会为此类活动付出太多的成本，却能够让用户体验到真正的价值。有的时候，时不时的小惊喜比持续的内容输出更能发挥留存用户的作用。

所有人都说如今是流量时代，可归根结底，获取流量、留存用户比拼的依旧是服务、内容和价值。如果我们能选择合适的留存通道，将以上方法论结合成组合拳来打，必然能在流量的浪潮中快人一步，成为浪尖的"弄潮儿"。

> 阻碍企业增长的不是获客技巧，而是对待客户的态度。
>
> ——刘润（润米咨询创始人）

第五节　快速响应，与用户建立长期的价值交换关系

换个角度理解，所谓留存用户，其实就是与用户建立长期的价值交换关系。换句话说，留存用户与交朋友没有什么本质上的差别，只不过前者在市场中的竞争更加激烈，抢夺"朋友"的对手也比较多。既然如此，当我们从公域流量池中拉新时，"第一印象"就显得极为重要。那么，应该如何做到准确、有吸引力的快速响应呢？

从长远的角度来说，快速响应的对象不仅是公域流量池中的新用户，也包括私域流量池中老用户的新需求。随着时间、市场、趋势等种种因素的改变，用户的爱好、触点、习惯、需求等都有可能随之发生变化，甚至某个领域内突如其来的热度也会引起用户关注点的转变。如果无法准确、及时地触达这些改变，我们又怎么能保证我们的"朋友"不会转投他人呢？

举个简单的例子。一个女生在大学期间使用的护肤品，穿戴的衣服、首饰、鞋子可能都是中低端的产品，但当她走上工作岗位，有了稳定持续的收入来源后，她的消费水平会不会提

高一个档次？当她开始关注男士产品、婴幼儿产品时，我们是不是应该在第一时间意识到她可能有了男朋友或丈夫、有了宝宝，并快速响应？

敏锐地捕捉用户的需求，在用户需求发生转变时快速响应，是与用户建立长期价值交换关系的基础。在此之上，我们还需要学习一些方法论，进一步加深与用户的关系。从响应到建立关系，这个过程可以分为3个阶段：第一时间展现产品的价值、引导用户使用产品、提升用户黏性。每个阶段都有对应的方法论，接下来我会一一进行分析。

1. 第一时间展现产品的价值

在这一阶段，我们需要向用户讲明白3个问题：我们是谁、我们的产品是什么、我们的价值是什么？

对于有新需求的老用户而言，第一个问题可以跳过，着重强调我们及我们的产品对于新需求的价值。而如果是新用户，第一个问题就显得极为关键，讲清楚我们是谁的过程，就是建立人设的过程。一个专业的、有说服力的人设绝对是长期坚固关系的最佳基石。

产品是我们与用户建立长期价值交换关系的一大支柱。除产品本身的质量外，在与用户打交道的过程中，与用户直接接触的工作人员也起到了传递作用。因此，工作人员一定要让用户清晰地理解产品的优势，甚至通过自身的专业性在用户心里建立高于预期的认知。

如果我们的产品不需要通过工作人员，而是通过虚拟的商城直接触达用户,那就需要把更多的资源放到打磨产品上。我们的目的只有一个,那就是获得用户的认可。

这里的价值指的是用户获得的价值,除了产品本身,还包括我们的服务,以及交易过程中给予用户的附加价值。服务要有温度、有专业度,这是十分重要的要求。附加价值能够在一定程度上提升用户的消费体验和对我们的好感度。具体来说,附加价值可以是优惠券、积分等,如今各大App中常见的新人福利、新人红包、老用户回归福利等也都在此列。

2. 引导用户使用产品

在我看来,绝大部分产品都应该设置引导环节,很多人会忽略这一点,但其中存在提升用户好感度的潜在点。比如,一件衣服可以延伸出搭配方案,一套护肤品可以体现我们的专业性,一类体育用品或许能够让用户直接加入我们运营的某个爱好者微信群中。只有当下意识地与用户进行更进一步的交流成为一种技巧、一种本能时,才更有利于全面、细致地了解用户,建立更加稳定的价值交换关系。

对于App这样的虚拟产品来说,道理是一样的,无非过程有些差异。我们可以通过新手引导的方式将App中基础的、有亮点的功能介绍给用户。

3. 提升用户黏性

这一阶段决定了我们与用户之间是仅一次的交易关系还是长期的价值交换关系,也是经过上述铺垫最终呈现结果的关键节点。

最为常见的提升用户黏性的方法包括积分制、会员制等。

比如，网易严选在新用户注册后会推荐并免费赠送30天超级会员，让用户切身体会到普通使用者与超级会员之间的巨大差距，同时配以文字，更加直观地向用户描述超级会员的种种优势、权益。此外，网易严选还会通过"省钱计算器"页面，强调开通超级会员的好处，向用户植入一种"会员更省钱"的观念。

除网易严选这种十分直观的宣导方式外，也有一些通过分享内容"续费"会员的方式，同样值得学习。以"微信读书"为例，用户在向好友分享App的宣导内容后，便可以获得"免费无限卡"，畅享App内付费图书。从用户的角度来说，自己的确获得了实实在在的价值；而从"微信读书"的角度来说，自己不仅实现了裂变，还与用户建立了长期的价值交换关系，可谓一举两得。

有人曾对我说："与用户建立长期的价值交换关系其实就是在讲用户留存。"这种说法对，也不对。从表面来看，我们的确是为了留存用户；但从本质上说，我们追求的不仅是留存用户，更重要的是让私域流量池中的用户活跃起来，成为稳定、持续为我们输出价值的用户。毕竟如果私域流量池是一潭"死水"，那对我们来说毫无价值。因此，我要特别强调一点：只有能产生价值的用户，才是值得我们为之奋斗的用户。

> **小开给您划重点**
>
> (1)留存率的计算公式。
> (2)理想的留存路径。
> (3)常见的留存通道及方法论。

第七章

有效运营,让私域用户源源不断地增长

在我看来，以往的运营从某种角度上讲完全是割裂的，企业很难与目标用户形成互动，从而获取其需求，整个运营链条无法真正地、顺畅地流转。而在未来，每个企业都必须构建消费者运营中心，用来思考如何实现用户增长、如何发展"单客经济"。

阅读指引

（1）你理解什么是私域流量运营吗？
（2）个人微信号的运营应该从哪些方面入手？
（3）朋友圈营销的误区有哪些？
（4）保持社群生命力的方法有哪些？
（5）用公众号、小程序、视频号、企业微信也能打造私域流量池。

> 只是大家的生意越来越难做了，才有了私域流量。
>
> ——刘润（润米咨询创始人）

第一节　如何做好私域流量运营

所谓私域流量运营，其核心在于"运营"二字。通俗地讲，运营就是以"内容"为桥梁连接用户，不断地获得用户最新的、最接地气的反馈，通过连续的交互，给用户做定位、贴标签，以此为依据与用户形成交易关系。我们的产品、服务、理念等所有向用户输出的价值都可以视为"内容"。

在此基础上，我根据多年来的市场经验和相关思考，对私域流量进行了更深入、更本质的探索，并延伸出了一个新的价值方向：私域数据。有一点值得特别强调：不管是私域流量还是私域数据，我们在进行有针对性的运营时，不能单纯地盯着自有流量池，而应该以一种宏观的视角，把我们的价值散播开来。如果把私域流量池当作一潭"死水"，不懂与公域流量池做交互、做流通，那么我们本身的价值也会随之固定，无法有效增长，用户也会因为一成不变的内容而对我们感到厌烦。"流水不腐，户枢不蠹"说的就是这个道理。

因此，我一直在思考"如何有效地运营私域流量""如何实现私域流量价值转化"这两个运营中的核心命题，并尝试寻找一些解决方案。在我看来，运营的目的是构建与用户间的互利关系，并通过不断地与用户进行价值交换来稳固这种关系。

当然，随着时代的进步和用户思想观念的改变，我们与用户的关系也在发生变化，从以往单纯的买卖关系演化至如今更加复杂的关系。假设这样一个场景：我是一名鞋商，以往只是你来买，我来卖，双方完成交易后几乎再无关联。但如今的市场和竞争格局要求我们必须把目光放长远，发掘用户身上可能的潜力与价值。为此，我们就需要学会站在用户的角度，扮演需求方代理人的角色，以用户为中心给出专业的引导和建议，最大化地提升用户的消费体验，通过专业的信息和优质的服务，而非营销、促销等手段与用户建立长期的、深度的连接关系。唯有如此才能真正实现双方长期获利。

那么，我们与用户之间的连接关系有哪些类型呢？我认为主要有以下3种。

1. 客服和顾客的关系

此处的客服不是传统意义上接听电话的客服，而是对销售人员进行包装，使其以类似店长的身份出现在用户面前，用一种更专业、更负责的形象解答用户有关产品的问题，并伺机推销，促使其复购。

这种关系的优点在于容易操作，能够对任何一名销售人员进行包装；但不足之处在于实际价值不高，无法解决客商关系中最本质的信任问题。

2. 专家和听众的关系

这种关系很好理解。比如,在用户购买护肤品时,可以引导其加入一个有护肤专家坐镇的微信群中,然后以专家的身份传递产品的作用、原理、效果、价格优势等专业信息,以此赢得用户的信任,建立长期关系。我之所以推荐微信群等互联网交流工具,是因为这种方式比现身说法的受众面广,能够进行一对多的信息传递,将专业信息的作用最大化。

这种关系的优点是场景和新用户的转化率、毛利率都很高,且相对容易操作;缺点也显而易见,就是对内容的专业度和可信度及相关人员的运维能力、成本都有严苛的要求。

3. 榜样和粉丝的关系

怎么理解榜样?其实就是用户佩服或向往的人。比如,某电子产品的店主,他本身就是一个专攻此领域的高手,当他每天在自己的私域流量池中发表一些见解独到、专业性极高的电子产品分析文章,或者发布有关电子产品性能解析、对比的视频时,就能为其树立较高的威信,获得用户的信任。如果这些用户有电子产品的相关需求,必然会参照店主的文章、视频,或者直接询问店主的意见。

这种关系的优点是存在情感连接,有足够的信任,且一般来说较为稳定;相应地,其缺点是建立品牌或IP的成本较高,难度很大。

建立关系只是"万里长征"的第一步,后续操作中最基础的环节是持续地为用户输出价值,如优惠活动、特价活动等实在的利益。另外，还有专业信息的传递，或者简单的陪伴等环节。

我曾在2019年年底的时候发表过一篇关于私域流量认知的文章，其中提到过一个观点：微信生态中"载体+"逻辑的重要性和作用会愈发凸显。纵观整个微信生态的发展，在2019年、2020年时，其红利期已经快要过去，转而走到了"运营+服务"的路上。如果不能真正地理解、吃透"载体+"的逻辑，形成一套组合拳来打，那么不管是公众号、视频号、小程序，还是微信群、个人微信号都很难单打独斗，获得实质性的突破。

在我看来，运营的实质是对"内容""数据"的操作，而用户的需求是运营的结果，是用户给予的一种真实反馈。因此，我一直强调以用户为中心，解构和重连人、货、场三者的关系，将连接的重点从单纯的交易转向精准、有效的内容和价值，基于信任的关系进行信息的交换，形成传播裂变，如此才能产生真正的交易价值。

传统交易中人与人之间的连接是节点式分布的，后续形成的人与物之间的连接是单向的，即一对多，这两者的承载能力虽然也不低，但远远比不上人与内容之间连接的承载能力。内容是以触点为基础的裂变分布逻辑，其成长速度相当惊人。

因此，对于企业来说，一定要构建有独特竞争力的数字化资产，搭建自己的品牌流量池，利用公众号、小程序、视频号或其他"中心"平台拉近与用户的距离，加强与用户的互动，不断地吸收数据反馈，优化内容供应链，形成一套完整有力的组合拳，只有这样方能"百战不殆"。

最后的环节是有效的价值转化，这一环节注重的是引导逻辑。以"种草"为例。它的本质是一种广告，是一种基于人际互动关系形成的信息传播模式。从企业的角度来说，"种草"完成了从建立信任到完成销售的整个链条，节省了大量的营销成本，而且能在一定程度上提高成交率和复购率。直播带货中的头部主播就是最好的例子。

此外，由于移动互联网时代信息越来越碎片化、生活节奏越来越快，用户关注的点也越来越细分化，KOL引导式的消费就有了施展拳脚的大舞台，小红书、得物等就是典型的案例。用户在阅读KOL发布的产品测评内容时，可以通过评论或私信进行沟通，形成一种用户与用户、用户与KOL相互影响的三角社交网络。关系网不断延伸，就形成了大家所熟知的"网红经济"。

当完成了从以流量为驱动的一次性消费到以消费体验为驱动的黏性消费的过渡时，我们就实现了引导逻辑。在这个过程中，我们需要思考企业运营和用户维护的正向关系，学会从用户互动和用户服务的角度增加销售机会，将大量复杂的内容和数据转化成易理解、易互动的信息，最终实现销售的良性循环。

> 长期以来，微信的最大价值是每个人的微信ID。
>
> ——张小龙（微信创始人）

第二节　个人微信号的运营

在正式讲解个人微信号的运营方法之前，大家需要思考一个问题：我们为什么要打造个人微信号？为什么不选择公众号、小程序等受众更广的方式？其实，运营个人微信号的目的是更快速、更直接地触达用户，与之产生互动并打造我们的人设。

与以往简单的买卖关系形成的互动不同，移动互联网时代中的社交场景早已不再是单纯的交易，为积累私域流量而打造的人设多了一些人格化，更容易获得用户的信任。当一个品牌具备了有足够竞争力的人设时，品牌溢价就是水到渠成的事情。

而从流量获取效率的角度来看，一般来说，很多企业都会通过微信公众号、抖音、快手、微博等一个或多个第三方流量平台发布内容，这种行为叫作"全域种草"。只有完成了"种草"的步骤，才能有后续所谓的"拔草"，从单纯的销售变成流量的营销。这就是从"种草"到"拔草"的有机互动。

但是，在我的认知里，品牌运营的抓手不管是公众号还是小程序，最终必然归为一点，那就是以个人微信号为基准维度的朋友圈、社群、好友等私域流量的经营。因此，个人微信号显得至关重要。或许有人会质疑：我们无法保证私域流量的积累形态和应用场景会一成不变，那又怎能确保个人微信号作为运营最终环节抓手的作用呢？其实答案很简单，将流量聚拢在自己的掌控范围内，以最直接的方式影响和服务流量，这是一种有效的运营手段，也是一种趋势。

在理顺了个人微信号作为私域流量运营最终载体的作用和意义后，接下来就是如何"装修"个人微信号。我认为可以从以下几点着手。

1. 注册

注册是第一步，也是至关重要的一步，它决定了这个账号具体能走多远，千万不能小看这一步。一般来说，最佳的注册方式就是使用实体手机，通过真实的身份证到营业厅办卡，利用网络完成注册，再使用身份证完成实名认证。只有通过实名认证的手机号注册的个人微信号才更有价值。

2. 头像

很多运营人员习惯直接使用企业Logo作为个人微信号头像，在他们的认知里，这样便于用户认可和识别，同时还能在一定程度上提升品牌的影响力。但就我在市场中观察到的结果而言，这其实并不尽如人意。原因在于，虽然对私域流量的操作是企业的一种营销和服务行为，但没有哪个用户愿意与一个生硬的、带有明显目的的对象聊天，Logo会在企业与用户之间筑起一道屏障，这明显与我们的初衷相背离。

所以，我们在选择头像时，一定要从用户的角度出发，思考其在具体场景下对于沟通的预期和心理接受程度，在此基础上再结合品牌传播的需求做最终的决定。如此说来，是不是个人微信号头像一定不能带有企业Logo呢？当然也不是。

以餐饮企业"最湘"为例。到最湘实体店消费的顾客基本上都对其品牌有一定的认知。因此，最湘员工个人微信号的头像是每个客户经理的形象，并且头像的右下角是一个企业Logo。如此既不会让用户心生戒备，又达到了品牌宣传的效果。

3. 昵称

昵称与头像是固定的组合，就最湘而言，一般是"品牌名+品牌"的形式。因为单一的品牌名会让企业和用户之间的连接出现断层，而单一的品牌会让企业缺乏一定的真实性，缺乏社交服务维度。

4. 朋友圈封面

朋友圈封面体现的是个人微信号及其背后团队的专业性，因此在设计时，一定要从加持品牌传播和用户信任的角度出发，做周全的考虑。最常见的朋友圈封面是企业Logo，而线下门店用得最多的则是门店的门头照片。这里需要注意一点：人设是在前还是在后，其中的逻辑是不一样的。如果人设在前，那么走的是人、货、场逻辑；如果人设在后，走的则是场、货、人逻辑。人设的逻辑需要特别注意。

5. 个性签名

在写个性签名时，先要想清楚的是通过这段文字描述我们最终想向用户传递一种什么样的视角。因为从个人微信号的设定来说，"头像—昵称—地区—朋友圈封面—个性签名"是一种层层递进的关系，落脚的个性签名起到的是补充说明的作用，也是极为重要的一部分。

6. 地区

地区这一项中最重要的一点，或者说最需要强调的一点，就是地区的真实性。地区一定要与门店的设定相匹配，不能为了追求新奇而使用一些与品牌无关的地址。与朋友圈封面一样，地区同样有人设的逻辑：人设在前，则用个人的所在地；人设在后，则用品牌的所在地。

完成了个人微信号的"装修"之后，在搭建私域流量池时也有一些注意事项，主要包括以下两点。

（1）留存路径。不管是被动还是主动，流量进入个人微信号并不能代表搭建步骤完成，我们仍需要对用户进行甄别，以不同的标签分别对其进行管理，记录其触达信息的获取路径。记录留存路径是极为重要的一步，其意义是可以告知用户自己初步定位的真实性、有效性，如此才算是一个完整的私域流量池的搭建过程。

（2）单独会话。这一点看似容易，在实际操作时却存在诸多"雷点"。因为当你主动发起一次聊天时，在用户看来这其实是一种入侵行为，用户肯定会有很强的防备心理。所以，交流是否能够进行、是否会有成果，很大程度上取决于你能获取到多少有效的信息。这就考验了企业作为支撑后台的赋能能力和效率，获取到的真实信息越多，对于运营人员就越有帮助，后续形成交易关系的可能性和成功率就越大。

在我的认知里，不管是个人微信号的"装修"还是私域流量池的搭建，都不应该独立存在。不懂"装修"只注重搭建，结果就是空有池子没有流量；只关注"装修"而不会搭建，结果必然是一片混乱，无法有效留存用户。因此，我希望大家能全面、深刻地思考以上重点，形成一个强有力的私域流量池。

> 有比知识、技能更加重要的东西,那就是信任。
>
> ——张一鸣(字节跳动创始人)

第三节　朋友圈营销的关键点和误区

2021年1月19日"微信之夜",腾讯高级副总裁、微信事业群总裁张小龙发表了题为"微信十年的产品思考"的演讲。他分享了一组数据:"每天,有10.9亿个用户打开微信,3.3亿个用户进行视频通话;有7.8亿个用户进入朋友圈,1.2亿个用户发表朋友圈,其中照片6.7亿张,短视频1亿条;有3.6亿个用户读公众号文章,4亿个用户使用小程序。"这些数据证明了微信生态的巨大价值,令他人难以望其项背。而单看某项数据,如本节的主题——朋友圈,每天7.8亿人次的浏览量,同样能够证明这一途径有巨大的潜力仍待发掘。

在我看来,想要做好朋友圈营销并没有那么容易,但肯定也没有到让人望而却步的地步。我们要用"纪录片"的思路来打造朋友圈,了解用户对什么感兴趣,朋友圈的内容要高于用户生活,贴近用户的感知。

从本质上说,朋友圈的主打逻辑是"熟人社交"。因此,对于运营人员来说,朋友圈营销考验的是耐心,需要一步一步地与用户建立情感连接,与其成为"熟人",之后才是推送内容的环节。而且,如何保证在不引发用户反感情绪的基础上,精准地找到用户的痛点和触点,将传播内容的影响力最大化,是朋友圈营销中极为核心的一个问题。

而想要达到这个目的,一味付出是不可取的,而应将打造有吸引力的优质内容放在首位。站在用户的立场,如果自己的朋友圈里充斥着大量的广告、矫揉造作的鸡汤、毫无意义的抱怨等内容,那自己肯定会减少打开朋友圈的次数,拉黑其中令人反感的人。因此,我们要学会在营销和情感之间寻得平衡,以"熟人"的身份完成内容、价值、品牌的传递。

做好朋友圈营销,我认为有3个关键点。

1. 以内容获取关注

我已经强调过很多次内容质量、专业度的重要性了,这里不再赘述。想要获得更多的关注,赢得用户的信任,除了关注内容的质量,我们还应该关注所发布内容的层次与结构。大家应该都知道,营销最有效的方式是针对用户的痛点对症下药。对于私域流量池中的用户,挖掘其痛点相对容易;而对于公域流量池中仍在观望的用户,可能就无法十分精准地触达其痛点。对于后一种情况,应该在公域(如朋友圈)中创造痛点,使用户活跃,最后使其成为活跃的私域流量用户。

创造痛点,就需要讲究内容的层次与结构,以循序渐进的方式将某种需求植入用户的心里。

以某女性护肤品营销为例。首先,我们可以在朋友圈中宣传雾霾、压力、不健康饮食、熬夜等不良因素对身体、皮肤的损害,并呼吁用户做出改变,拥抱健康的生活方式;然后,列出几点女性常见的皮肤问题，给出几点改善的小建议（这里强调一点，列出的问题应该与自身产品相对应，为后续介绍产品的功效做铺垫）；紧接着，针对皮肤问题详细介绍产品的功效，在资源允许的情况下，尽量以优惠活动的方式做承接，引出产品；最后，从专业人士的角度介绍产品的使用方法，如怎样搭配其他产品、具体怎样使用。如果有真实有效的正面案例，应当详细介绍。

2. 传递情绪，建立连接

不同的内容需要配合不同的情感角度，才能发挥最大的功效。有很多人不理解，身为营销人员，不是应该更多地关注产品等专业内容吗？为什么要传递情绪呢？朋友圈的本质是"熟人社交"，获得用户的信任是首先要做的事情，也是后续营销能够展开的最重要的基础。如果我们抱着广撒网的侥幸心理，盲目、生硬地将产品或活动发布在朋友圈内，那效果肯定不会特别好，而且有极大的概率会引起用户的抵触，甚至被用户拉黑。

比如，上述案例中的第一步和第二步就在传递并烘托情绪，引发用户对不良生活方式的共鸣，让他们产生"我就是这样""我也有这种问题"的心理，以此让用户卸下防备心，便于后续建立情感连接，获得信任。

3. 维护信任，细水长流

获取信任很难，长期维护信任更难，尤其是在朋友圈这种闭塞的交流环境中，我们只能通过简单的评论、点赞等途径获得用户信息，这加大了维护信任的困难度。每个人可能都有自己对维护信任的理解及维护信任的方式，在此，我推荐3种我认为比较有效的方式。

（1）持续地输出有质量、有专业度的内容，在用户心中树立持续、深入研究且具备高度专业性的人设，以此种方式赢得用户的尊重，自然就能获得长期的信任。

（2）举办活动。这种方式较为常见，如积分换奖品、优惠活动等，这里不再多做解读。

（3）转到其他更容易接触用户的传播通道中，如个人微信号。虽说个人微信号也是一种较为闭塞的交流环境，但与朋友圈相比，它能更直接、更深入、更全面地了解用户，进而用更有针对性的产品或服务维护用户的信任。

总结来说，以上3个关键点的本质逻辑其实是触达用户痛点、建立连接和信任、长期维护信任。进一步总结，其实就是两个字——信任。而信任源于真诚，真诚与常识表达才是朋友圈运营成功的根本。

但是根据我的观察与了解，很多相关从业人员在实际操作时存在很多问题，或是对"信任"二字的理解不够深刻，甚至有所偏差。接下来分享3个典型的误区，希望大家引以为戒。

（1）第一个误区：诋毁同行，突出自我。这种行为本身就凸显了自己的不负责任、不专业，以及对自家产品的不信任。各位试想一下，你们会买一个连企业自己都没信心的产品吗？百分之百不会。而且，这种明显带有恶意的竞争方式同样会引发用户的反感。

（2）第二个误区：做不到营销与情感的平衡。朋友圈营销的核心是寻求营销行为与情感连接之间的平衡。如果把注意力更多地偏向营销，则可能引起用户的防备心理，不利于产品的成交；如果偏向情感，完全与用户打成一片，此时再谈营销，则极有可能让用户产生一种"被背叛"的感觉，前期的努力全都成了无用功。唯有在两者之间找到平衡点，才既不会破坏与用户的情感连接，又可以长期稳定地达成交易。

（3）第三个误区：只注重产品，不注重品牌或个人IP。这一点，我在第三章第五节已经强调过，这里不再赘述。

关键点和误区是对立存在的两种因素，犹如一枚硬币的两面。想要发挥硬币的最大功效，就必须将关键点和误区融会贯通，领悟其中的核心和逻辑，形成一套针对自己私域流量池特性的打法，这样才能攻无不克，战无不胜。

> 抓住社群风口，猪也能飞。
>
> ——众多创业先锋

第四节　保持社群生命力的三大运营手段

什么是社群营销？或者说，社群营销的逻辑是什么？我曾经问过很多同行业者这个问题，得到的答案不尽相同。在我看来，社群跟个人微信号、朋友圈一样，是一种触达用户的通道。我们利用社群与用户建立情感连接，获得用户信任，进而与用户达成交易。此处需要先明确一个概念，所谓社群并非只有微信群、QQ群，微博、百度贴吧、抖音、快手等各大流量平台都能够归为此列。

相比前两节提到的个人微信号、朋友圈，社群的优势在于能够一次性触达众多有潜在消费欲望的用户。而且，一个运营良好的社群必然有着活跃的氛围，往往一个人下单，其他人就会跟风购买。从营销的角度来说，成交的难度不大，当然前提是社群要运营得好。

但是，不同性质的社群的生命周期往往各不相同，如依托某个促销活动而建立的群，可能在活动之后群成员的热情就会消退，最终导致解散。因此，如何保持社群的生命力，并设法将群成员发展成有购买行为的用户，就是社群营销的难点。

接下来，跟大家分享一下我根据多年市场观察和实践经验总结出的、保持社群生命力的三大运营手段。

1. 清晰定位，精准引流

我认为，只有先弄明白自己是谁、品牌或IP的价值在哪里、产品能解决的痛点是什么，也就是做好清晰准确的自我定位，社群才算是有了一个坚实的存在基础和逻辑。常用的自我定位方法是5W2H法，这是一种易于理解的分析方法。主要问自己7个问题：Who，由谁来操作；What，做什么；Why，为什么做；When，什么时候做；Where，在哪里做；How，怎么做；How Much，成本如何。

当我们从这7个角度对自己及社群进行价值定位时，也就明白了运营的基本方向，做到了"知己"。

"知己"之后要做到"知彼"，百度贴吧、小红书、微博等互联网流量平台都是精准引流的绝佳途径。除此之外，我们还可以通过举办线下、线上活动的方式引流。如果能成功举办一次相关的活动，那么不只能吸引大量的活跃用户，对于品牌或IP的传播助益也是不可忽视的。

2. 激活用户

曾经有人问我："为什么在社群推荐产品时，用户的反应都是漠然无视？"后来经过了解，我发现他们的做法特别生硬，只是简单地发布产品并配以大篇幅的介绍。我反问他："用户为什么要关注你？为什么要买你的产品？"先不提用户是否愿意读完这篇内容，这种方式虽说详尽地介绍了产品，但都是理性的、没有感情交互的、单方向的信息传递。设想作为一名消费者，当你走进一家店铺时，销售人员板着脸，不苟言笑地把产品的功能、特性一五一十地讲给你听，你会买吗？肯定不会，而且以后反而对这家店铺敬而远之。

在我看来，理性是用户消费需求中的本质诉求，即"我为什么需要这个产品"；感性是需求的终端，即"我为什么购买你介绍的这个产品"。只有理解需求的理性部分，把握感性部分，才能真正激活用户。

比如，在一个经营运动产品的社群中，群成员大多是运动爱好者，大家平时可能针对球赛、球员、赛场周边等话题热烈讨论。此时，运营人员应该如何激活用户呢？运动需要相关的产品，如球鞋、护膝、设备等，这是理性部分；产品与喜爱的球星之间有关联，或者有保护作用，或者有美化作用，这是感性部分。如果我们着力打造用户消费需求中的感性部分，就会在一定程度上激活相关用户，成功率必然提升，这时就很容易打造自己的私域流量池了。

3. 连贯、有温度的运营

这一点与感性消费相对应，但又不局限于消费，它的范围更大，包括整个运营部分。我之所以强调运营的连贯性，是因为只有这样才能使用户持续关注我们的品牌或IP。就像我一直强调的，在用户的心里树立品牌认知是一个长期的、潜移默化的过程。需要注意的是，要连贯，但不能冗杂，不能反复、生硬地将品牌价值塞给用户。

仍以上述运动产品社群为例。运营人员可以定期组织运动比赛，将自己的产品作为奖品。此举不但能够传递产品的价值，还能够提升群成员的活跃度，拉近与他们的距离，建立一种有温度、可持续的良性连接，进而产生更多的营销契机。

有温度，是我认为服务中最关键、最能触达用户的一个因素。很多运营人员觉得自己与用户之间隔着互联网，便降低了对服务质量的自我要求，沟通时只会机械、生硬地传递话术，没有任何的情感互动。从用户的角度来说，他们会认可这种服务质量吗？必然不会！其实，做到有温度的服务并不难，只要在交流时就用户的需求深问一层，多说一句关心的话，或者送一些小礼品等，就能让用户感受到我们的用心。

运营社群是一项任重道远的工作，很难在一朝一夕之间就看到成果，其间充满了各种困难与挑战。以上三大运营手段是我个人的经验，大家可以把它当作一个参考、借鉴的对象。只有根据自己社群的特性、类别形成自己的打法，才能达到真正的细水长流。

> 一家企业的成功，有产品，有团队，有营销，有品牌，但最核心的还是经营客户关系。
>
> ——刘润（润米咨询创始人）

第五节　用好公众号打造私域流量池

　　文章打开率、阅读量、阅读完成率等指标逐年下滑，使公众号的内容创作者难以获得收益，或者收益较之以往有了一定幅度的下滑。再加上今日头条、百家号、知乎、小红书等内容创作平台的不断发展，公众号生态的影响力受到了较大的冲击。根据新榜于2020年发布的《2019中国微信500强年报》数据，2019年微信公众号文章的平均阅读量为1423人次，同比下降24%，且连续5年出现同比下降，在微信官方将"点赞"变为"在看"后，平均在看量也出现了下降，下降幅度为50%。

　　种种现象和数据表明公众号的创作红利期已经是过去时，这似乎也是一些公众号运营人员看衰微信平台的原因。但是从另一个角度来说，红利期消逝了，是否就意味着公众号失去了"被运营"的价值？在我看来，并非如此。

　　观研天下的数据显示，2021年自媒体平台市场占有率中前三名分别是微信公众号、头条号、微博，而且微信公众号以63.40%的市场占有率遥遥领先于其他竞争对手，比第三名微博的市场占有率高出近50%。虽说受到了影响和冲击，但微信公众号的潜能依然让其他平台难以望其项背。之所以会出现这种"叫座不叫好"的状况,原因复杂多样。我认为最主要的原因是随着移动互联网的普及,微信平台内涌入了大批不合格的内容创作者,他们看着"前辈"享受到了红利,自然也想分一杯羹。然而,这一批人中的绝大部分并没有优质内容的输出能力,他们的文章大多存在标题虚假或夸张、内容抄袭、洗稿、随意堆砌文字等问题。从读者的角度来看,他们自然会把问题上升到平台层面,把最主要的责任归咎于微信公众号。

这种因为滥竽充数的内容创作者而导致平台生态质量下滑的问题,在我看来是每个企业都无法避免的,这是移动互联网的红利,也是对优质内容创作者的考验。但在这之中也存在着一条颠扑不破的真理:流量会涌向深度耕耘的、持续输出的内容创作者,并愿意为真正有质量、有温度的内容买单。同样出自新榜发布的《2019中国微信500强年报》中的两条概述:"阅读量下降,在看量上升,'双10万+'爆款作品同比增长732%""付费阅读创收可观,'尹香武'全年收益高至168.8万元"。图7-1所示为微信公众号"尹香武"于2021年6月11日发表的一篇文章下的付费用户。在不到5天的时间里,就有15人愿意以208元的高价阅读此文。这让人不得不感慨:红利期已过,"内容为王"的时期已经到来。

用好公众号的重点在于内容的输出和策划的方向。之前我已经强调过内容的重要性及如何打造有质量的内容,那些关键点对于公众号依然适用。接下来,我将从反面,即"雷区"的角度,跟大家分享一些创作过程中应当尽量避免的问题。

图7-1 微信公众号"尹香武"于2021年6月11日发表的一篇文章下的付费用户

1. 虚假夸张的标题

"标题党"算是一个老生常谈的"雷区"了。从一开始的"震惊"体,发展至后来的"只服"体、"网友说"体,这种本意为引起读者注意的标题已经失去了价值,再使用反而会引起绝大多数人的反感。一个正确合适的标题能够向读者传递文章的主旨,起画龙点睛的作用。若是"眼神"飘忽不定、无神,读者自然也会先入为主地对其内容降低期待。当然,我并非否认通过标题设置悬念的重要性和必要性,只是作为内容创作者,应当在引起读者注意与选择合适标题之间找到平衡,时刻谨记"过犹不及"的道理。

2. 价值观不正确

不管是文字内容,还是视频内容,每个内容创作者最基本的职业素养就是保证内容价值观的正确性,在此基础上再追求内容的专业度、温度和深度。如今,一些滥竽充数的内容创作者为了追求阅读量和流量不择手段,如为了迎合某些读者的猎奇、仇富、焦虑等不健康心理而发表一些自己臆想出来的、稀奇古怪的文字内容，更有甚者，大张旗鼓地散布谣言、曲解政策，造成了极为恶劣的社会影响。此外，也有一些人打擦边球，突破道德底线，发布庸俗、低俗、媚俗的内容。

此类内容可能在短时间内获得大量读者的关注，但就长久运营而言，此举无疑是自断生路。随着内容创作市场的不断成熟与完善，从国家层面到平台、企业层面，对于不健康内容的容忍程度都肉眼可见地降低了，打击力度也在大幅上升。因此，恪守法律、道德、文化底线，是成功运营公众号最基本的前提。

3. 版权意识淡薄

"我是新手，他们不会太计较""大不了到时候再删除""别人都在用，我用也肯定没问题"，以上这些想法比比皆是。新生内容创作者和某些小号的运营人员更是版权意识薄弱的"重灾区"，随手从网上下载一张图片、一首歌曲，"借鉴"一段文字、一个观点当作自己的思考输出给读者。这种做法虽然能在短时间内获得一些认可，但是最终只能自取灭亡。因此，想要树立自己的品牌或IP，就必须避免版权问题。

使用公众号打造私域流量池是一个积小流成江海的运营过程，需要以内容为支撑，一步一步地获得读者的青睐和关注。以上三大"雷区"并不能概括创作过程中遇到的所有问题，但仍需要各位引以为戒，即便只触发其中某个问题，也会导致极为严重的后果。

> 小程序是未来。
>
> ——张小龙（微信创始人）

第六节　小程序：极微私域常用的运营手段

单独把小程序的概念拿出来，我相信很多人都是知其然而不知其所以然。但如果提到同程旅行、顺丰速运+，尤其是疫情期间一直使用的各种安全码、抗疫小程序，大家肯定不会陌生。这些小程序已经进入我们的生活，给我们带来了极大的便利。

相比移动端App独立、丰富多样的内容与功能等产品特性，小程序更多凸显的是产品的属性内容，其特性就是官方一再强调的"即用即走"，为的是解决用户的即时性痛点。以青桔为例，可能有些用户不会特意下载青桔的App，因为通过微信小程序便可以直接使用单车，及时、便利，不会占用用户过多的时间和资源。

得益于其特性，2020年全网各大平台的小程序之和已经超过550万个，而App的总数约为360万个。或许也是因为其"即用即走"的特性，小程序在用户中的知名度、讨论度都远远逊色于各大App，虽然不"叫好"，但小程序的表现很"叫座"。QuestMobile在2020年6月发布的数据显示，仅微信生态中的小程序数量就已经超过300万个，人均使用的小程序数量达到9.8

个,整个微信小程序平台的DAU(日活跃用户数量,以下简称"日活")突破了4亿人的大关。

这一系列数字表明小程序市场中存在着巨大的流量池和活跃用户,而且日益丰富的小程序数量、功能、种类正在不断释放其潜力,扩展其流量上限。那我们应该如何利用小程序呢?接下来,我将结合七匹狼"千店千面"的案例,给各位讲解一些运营小程序较为有效的方法。

很难相信,七匹狼在短短15天内,把旗下的近400家门店全部搬到了小程序上。

其实,七匹狼早就开始关注门店的线上化和数字化了,曾在2015年自建了一套十分成熟的客户关系管理(Customer Relationship Management, CRM)体系,旨在实现"线上下单,门店发货"。通过这套CRM体系,七匹狼会给每位会员指定一位导购,导购会一对一地熟悉会员的穿搭风格、心理价位,进而提供更贴心的服务。但当时快递业务还不是很成熟,必须使用短信、电话的形式才能将会员请到店内沟通,因此导购与会员真正交流的机会很少。

后来,七匹狼与腾讯智慧零售合作,推出了"会员+千店千面+导购运营"的解决方案,将位于全国各地的近400家直营店的销售同步到线上小程序中,形成线上与线下产品、价格的互通。此外,七匹狼也将会员系统合并到了小程序中。会员在咨询时,七匹狼会让专门的导购进行对接,并根据数据记录推荐最合适的产品。

小程序整合了线上和线下的资源，加强了门店与用户的关系，优化了用户的消费体验，提升了门店的业绩。

七匹狼"千店千面"的案例，说明虽然小程序最主要的特性是"即用即走"，但并不是说它不能做"大生意"。比如，德本咨询联合eNet研究院发布的"2020年小程序百强榜"显示，第一名是拼多多，第三名是京东购物，它们都是做"大生意"的。

下面跟各位分享3个运营小程序的有效手段。

1. 界面简明，功能完备

一方面，轻量化、简明化应当是小程序最先考虑的特性。因为在平台的定义上，小程序主打的并不是类似App的沉浸式、全方位的用户体验，而是快速响应，满足用户的即时需求。因此，在做功能模块时，界面应该简明，让用户在第一时间明白如何使用、如何操作。

另一方面，界面简明的前提是功能完备。比如，一款名为"收款小账本"的小程序，其核心功能只是记账，所以其界面就只有3个按钮（收款记录、报表、语音提示）和1个金额显示面板。再如，上述案例中的七匹狼小程序相比其他电商App，界面简明了很多，给人一种清晰明快的感觉，但是核心功能整整齐齐地排列在首页，方便用户使用和挑选。

2. 给用户一个分享小程序的理由

早在2018年的时候，微信小程序就推出了群转发、好友排名等促进社交关系的功能,而且根据其发布的"2018年上半年小程序用户场景入口分布"一图来看,"分享"以34.6%的高占比成为第一用户场景入口。从运营人员的角度来说,用户的每次分享都是对产品价值、品牌形象的传播,是企业求之不得的事情。所以,我们要给用户一个分享小程序的理由。

还是以七匹狼为例。它联合腾讯游戏《王者荣耀》推出了题为"U你才有荣耀"的满减活动。如果要说最近几年哪款手机游戏最受年轻玩家的追捧,《王者荣耀》绝对榜上有名。而该活动的绝妙之处在于,利用了微信生态的便利性,只有通过个人微信号登录《王者荣耀》并进行游戏,才可以参加活动。一边是《王者荣耀》的背书,一边是大力度的满减,结合起来就是用户分享的理由。

3. 运营应当精细化

在使用小程序之前,七匹狼公众号的运营更多的是枯燥、生硬的文字内容,只能做到单方向的价值传递,很少能收到用户的真实反馈。后来在"千店千面"的解决方案中,公众号结合小程序实现了多场景入口、精细化的内容运营,并实时地根据用户反馈进行调整,推出了丰富多样的社交玩法。在此之后,七匹狼每篇推文能够带动的成交额约7万元,这便是私域流量带动的实实在在的业绩增长。

我一直认为,人们在很大程度上低估了小程序所能带动的私域流量收益。一方面可能是因为虽然使用小程序的人很多,但其"即用即走"的特性很难在用户心中留下深刻的印象,导致运营人员不自觉地忽略了小程序的巨大潜力;另一方面也可能是因为小程序没有成为一款现象级的爆款应用，无法撑起一杆大旗。

但不管如何，小程序仍在"默默无闻"地发挥着功效。只要运营得当，它也会像其他的流量通道一样，给运营人员一个大大的惊喜。

> 视频化表达应该是下一个十年内容领域的一个主题。
>
> ——张小龙（微信创始人）

第七节　视频号：一个离私域流量最近的公域流量池

我是在2020年8月开始切入视频号的。在此之前，我一直围绕公众号、个人微信号等方向运作。这些方向的运营逻辑都是前期树立、传播品牌或IP的认知和价值，即主攻公共关系，后期思考如何变现。这是一个很漫长、很考验企业综合实力的链条。随着对视频号了解的不断加深，我发现视频号其实也是这个逻辑。比如，大禹科技基于上述逻辑推出的视频号"一禅小和尚"的市场影响力、用户认可度都非常不错。

之后，我也进入这个赛道，通过抓取账号信息的方式做了一个视频号"数据榜单"。综合来说，我的点赞数、评论数、用户活跃度等数据都非常优秀，在水平线之上。但尴尬的是，我在做完之后发现没有后续故事了，这对我来说的确是个不小的打击。因为我们不管进入什么赛道，最本质的期望必然是"后续故事"，也就是顺利变现。

因此，事后我开始反思，结合多年来积累的经验反推整个微信生态，得出这样一个结论：视频号与抖音、快手等平台的玩法有本质上的区别。后者以市场为驱动，用户需要什么就做

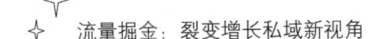

什么，把流量聚集起来，快速地分取流量红利；而前者以用户为驱动，也就是我们常说的"产品驱动"，根据用户反馈的数据不断优化与调整，这也是视频号"慢热"的根本原因。

通过更深一层的分析，我认为视频号体系可以分为两部分：直播体系和内容体系。我在实际操作时否决了内容体系，原因就是上文提到的——慢热。因此，在我的认知里，未来视频号真正的变现方式，非直播带货莫属。

接下来，我就分享一些我做直播的经验及对市场的理解，供大家参考，希望能为大家带来实质性的帮助。

观众在进入直播间时，会看到热度、在线人数和其他观众的评论等，这些对于主播来说极为重要。其中，评论互动的方式可以分为两种：一种是及时互动，另一种是周期互动。主播应该通过各种途径促使观众多评论、多互动，以此来增加热度，获得更多的流量。

如今在视频号直播中，有两种直播方式：一种是常规意义上的单人直播；另一种是微信官方推出的视频号直播PK打榜。新的直播方式推出的当天便有主播获得了640万人次的流量，仅一天时间就收到了64万元的打赏。之后，随着雷军等行业风云人物的加入，直播市场必然会更加快速地发展。所以，我认为这是一个风口，可能成为视频号历史上的重要节点。

出现了PK打榜玩法后，我通过这些服务变相了解了很多玩法和市场动态。但和其他的新生平台一样，视频号也在早期出现了很多问题。通过深度复盘，我总结出亟待改变的两方面：

一是认知不同，每个人眼中的视频号都不一样，认知的参差不齐会导致大家所推荐的东西不同，最后得到的解决方案千差万别；二是视频号生态的基础设施不健全，这一点与微信群类似，大家早期做得最多的是抢夺流量，最后形成"野蛮生长"的局面。

因此，我认为，对于任何新鲜事物，我们都要有一个宏观的判断，清晰地梳理其成长路径，在合适的阶段做合适的事情，只有这样才能打造合适的私域流量池。

从这个角度出发，我梳理出了两条线。第一条线是吸引直播间的观众到私域流量池。每个主播都有机会直面公域流量，如何将公域流量吸引、留存到私域流量池中，是所有主播都深有体会的一大痛点。正常的留存率是15%~20%，我的价值在于发掘工具将留存率提升到50%~75%，从而更好地将公域流量引导进私域流量池中。

第二条线是利用私域流量反哺直播间。这是特别重要的一步。我通过长期思考得出了一个很好的解决方案——视频号直播运营工具。我的切入点是既得利益激励点，有奖励自然会有更多的流量进来。在直播间的操作界面可以直接关联主播的5个私人群并在群里发红包，唤醒观众进入直播间。这一功能也表明了视频号主打的是私域，与抖音、快手的公域打法大相径庭。

顺着关联私人群的红包功能继续深挖，我把它变成了积分逻辑，瞬间把这个市场扩大了很多。比如，观众进入直播间，发表一个评论便可以获得5积分，用它可以兑换一个红包。当然，在我设置的"积分商城"里，有5积分对应的奖品，也有10积分、50积分对应的奖品，积分越高，奖品越好，以此激发观众留在直播间多发言，设法获得更多的积分。积分逻辑的另一层是裂变。如果你邀请一位新用户到直播间，并且他通过各种方式获得了积分，相应地，作为邀请人，你也可以获得一定的积分。

这套逻辑是我一直在研究的，我也计划之后继续整合，推出一套包含逻辑、裂变、引流、积分、用户回复、群激励、用户激励等多个亮点的完善工具。

既然提到了用户回复，我可以在这里预测一下，针对的是主播的另一个痛点：私信管理。很多主播会收到非常多的私信，如果不回复，就错过了一次与用户深入交流、将其转化为活跃用户的机会，而如果回复，太多的私信任谁看了都会觉得力不从心。面对众多主播的深切诉求，我相信很快就会推出类似"按键精灵"的工具，帮助大家摆脱这一困局。

讲完了直播体系，接下来说一说内容体系，也就是大家传统认知上的短视频内容。作为运营人员，我们最乐见其成的便是通过不断运营，视频被大量地转载、评论和点赞，进而吸引更多的用户到我们的私域流量池中。就视频号来说，内容的传播链条主要有两种途径：一是依赖平台智能算法的推荐，即平台推荐；二是凭借内容质量获得用户的喜爱与认可，让他们自发地在交际圈里传播，即用户裂变。

从创作者的角度来说，"平台推荐"或多或少需要一些运气，如果得不到平台的关注，就只能走另一条路了，这也是大多数创作者必走的一条路。就传播效果来说,"用户裂变"的传播方式在吸引、留存用户方面同样效果显著,而在宣导创作者的IP和价值方面,我甚至认为它比"平台推荐"更有感染力。

比如,2021年1月11日,广州茂名某幼儿园举办了一次"视频号集赞抢0学费"活动。校方给学生家长提供宣传视频和扩展链接,让后者发布、集赞。截至2021年1月19日,活动的第一名获得了5.35万次的点赞量,第二名获得了5.14万次的点赞量,前20名累计获得的点赞量高达18.8万次。按照常规的1次点赞影响50人的比例来计算,校方本次推出的活动直接或间接触达了接近1000万人,其传播效果可想而知。

因此,即便没有"平台推荐"的运气,也不代表无法玩转视频号,只要正确运营,同样可以大有作为。那么,怎么正确运营视频号呢?在回答这个问题之前,大家需要先问自己几个问题,如我们的产品或内容有什么特点及优势、我们能为用户带来哪些利益、用户为什么要加入我们?此类问题大都需要企业内部消化,外人很难进行干预和指导。但需要强调的是,在正式运营之前,运营团队甚至整个企业都必须就这些认知达成一致,否则无法在内部形成统一的步调。

根据我的观察和总结,我认为正确运营视频号应当从以下两方面入手。

1. 运营活动要有针对性

所谓针对性,就是要找准目标用户,瞄准目标用户的痛点来打。比如,上文的幼儿园案例的目标用户就是家长,其痛点就是孩子上学的高昂成本。因此，校方在活动标题中提到的"0学费"快、准、狠地击中了家长的痛点，给予家长自发传播、裂变的无穷动力，最终使活动获得成功。

当然，"0学费"也可以从另一个角度来理解，即活动要想成功，得让参与者有利可图，让其有自发传播的动机和动力。

2. 保持流量池的活跃度

不论通过何种途径进来的用户，其实还不能被视为有价值的流量，因为他们还不是我们的"人"。因此，我们需要通过不断连接、触达他们，把他们变成活跃用户，只有这样才能慢慢地把"他们"变成"我们"。

具体的操作方法是持续输出有价值、有质量的内容，让用户有利可图。此外，还有一个特别实用的方法，即用我们的人扮演用户来烘托气氛，提高流量池的活跃度，激发其他用户的参与欲望。

"人之忌，在好为人师。"如果我们提出一些争议话题，并让我们的人在其中扮演不同的角色推波助澜，则必然能吸引一些人入场讨论。长此以往，便可以在一定程度上保持流量池的活跃度，最终通过利益诱导等方式实现流量的变现。

视频号是一个具有无限潜力的流量平台，不管是直播体系还是内容体系，都值得我们深耕。对于运营人员来说，理解平台的体系、内容运营的本质和玩法是第一步，也是极为重要的一步。当我们在视频号中积累了足够的流量后，便可以在宏观的微信生态内形成一个相互流通、生生不息的活跃私域流量池。

> 如果将企业微信定位为企业内部的一个沟通工具,我认为它的场景和意义会小很多,只有当它延伸到企业外部的时候才会产生更大的价值。
>
> ——张小龙(微信创始人)

第八节 企业微信:在微信的群众基础上打造私域流量池,把握最好的机会

企业微信是腾讯于2016年推出的独立于微信的一款App,是面向市场、为企业服务的一款即时通信和集成工具。截至2020年年底,企业微信的活跃用户已经超过1.3亿人,企业微信上已有的真实企业与组织数超过550万个。

企业微信是微信生态里的重要一环,连接着B2B和B2C。它的加入,让微信生态不再仅是个人与个人的社交,也成了企业与企业、企业与消费者、政府等社会组织与公众的连接平台。从此,微信从平面的朋友圈社交上升至政、企、组织、公众的立体社交,形成点、线、面、体的结构,更有利于微信生态的稳定和服务覆盖面的扩展。

从整体基调上看,企业微信的商业气息没有淘宝浓厚,内容设置也不像抖音、快手那么繁杂,办公方式与钉钉类似,但比钉钉少了一些公事公办,多了一些社交的味道和温度。

企业微信根植于微信生态,在底层上与微信仍是相通的,能够直接添加微信好友,界面也与微信十分相似。可以毫不夸张地说,背靠微信巨大的流量池,企业微信引流只是时间问题。

企业微信把企业与客户的关系定义为社交基础上的商家和客户的关系。客户是和商家或其员工有社交基础的微信联系人,或者线下有交流的消费者,总之都是对商家有一定意向的客户。所以,一般来说,客户对企业微信中的商家具有一定的信任感,比较容易沟通,这为企业微信奠定了社交的基调,为培养有温度的"粉丝经济"提供了情感基础。

1. 企业微信的板块

企业微信分为4个板块:客户管理与经营、内部管理、效率工具、添加应用和上门服务。

(1)客户管理与经营。这一板块的主要功能包括:添加客户,组成客户群;帮助企业管理和运营社群;离职继承。

虽然与微信的底层互通,但是在使用企业微信添加客户时,并不能一键把微信中的好友转过来,需要企业主动逐一添加客户或展示企业微信二维码给客户,让客户主动添加企业。虽然这个过程需要付出很多时间与精力,但经过努力,最终愿意进入企业微信的客户一般来说都是对企业有意向的客户,有利于私域流量池的打造。

企业微信上有一些辅助工具,可以帮助企业进行社群管理和运营,如防骚扰功能、群红包功能、标签功能等,有利于活跃社群气氛,提高社群凝聚力,防止社群被干扰。标签功能还有利于对客户进行分层，以提供不同的服务。在运营方面，既可以通过在社群里发表图文、视频和直播等内容对社群进行运营，也可以通过客户朋友圈发布内容，吸引客户注意，树立企业形象。

企业微信的离职继承功能是针对员工离职或内部调动而产生的系列问题设计的。在商业中，经常有员工离职带走客户的案例，也有内部调动影响客户体验的情况，企业微信的离职继承功能从平台上很好地解决了这个问题，既能够避免客户被带走，又能够使客户享受稳定的服务，不会因员工离职或内部调动而产生影响。

（2）内部管理。内部管理包括企业日常的打卡、审批、汇报等日常管理。同时，还设计了"同事吧"等富有特点的管理。在方便员工进行内部交流及团队建设等方面，"同事吧"都发挥了很大的作用。

把企业微信作为私域流量池，可以很好地利用"同事吧"来交流相关事项，让员工之间互相鼓励、互相竞争，形成良好的工作氛围。

（3）效率工具。在效率工具方面，有利于打造私域流量池的功能包括企业邮箱、直播、微文档和微盘功能。其中，企业邮箱是一个重要的内容传播工具，直播可以生成海报发到相关社群进行传播，微文档和微盘可以用来添加内容营销的素材。

（4）添加应用和上门服务。企业微信不止自身带有各种有利于打造私域流量池的工具，还有很多第三方应用和自建应用

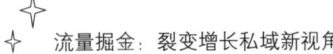

的接口，能够协助私域流量运营人员应对各种垂直领域的场景和连接企业自身的应用系统。比如，一些比较大的企业利用第三方的客户管理系统在垂直领域深耕，能更好地处理与客户的关系和描绘客户画像，为客户提供更好的服务。另外，企业在初期学习使用企业微信时，可以使用上门服务功能，以便更加熟练地使用企业微信。

为了尽快打造企业微信上的私域流量池，企业需要让员工习惯线上销售，同时发动员工的力量扩大私域流量池。那么，如何让员工迅速投入企业微信的角色中呢？可以从两方面入手：第一，尽快安排员工学习使用企业微信的各项工具，如可以使用上述企业微信的上门服务功能；第二，将企业微信上的业绩转化也纳入业绩考核，在初期可以加大奖励力度，迅速让员工熟练并习惯使用企业微信。员工是企业私域流量池的建造者之一，通过发动群众的力量，可以最大限度地让企业微信与微信连接起来。

企业使用企业微信，服务的目的应大于引流和盈利。企业微信为企业提供了一个线上服务的渠道，企业通过企业微信与客户互动，培养与客户的关系，收集客户反馈，从而与客户产生情感连接，获得客户的认可。

2.客户朋友圈功能

企业微信3.0中有一个重要的功能——客户朋友圈。客户朋友圈是为了满足企业的品牌宣传或营销等需求而设计的。客户朋友圈与微信朋友圈类似，但是在细节上做了一些调整。比如，企业每天只能发给同一个客户一条内容，可以根据客户标签推送不同的内容到相应客户的微信朋友圈里。在这个过程中，客户可以看到企业推送的内容，但是企业看不到客户的微信朋友圈。虽然企业每天只能发给同一个客户一条内容，但是客户朋友圈的内容没有限流，可以将同一条内容推送给更多的人。这样设计的目的是督促企业在不干扰客户的情况下，为客户持续输出高质量的内容，建立起企业和品牌的良好形象。

当然，在发客户朋友圈的时候有以下几点需要注意。

（1）明确推送目的。在策划内容时应该考虑每次推送的目的是什么，是建立品牌形象、培养客户习惯，还是提高销售额？确定好推送的目的，再选择合适的表现形式，这样才能达到精准触达的效果。比如，有一家面包店针对一些年轻家长设计的免费亲子烘焙课程的抽奖活动，就吸引了很多用户参与，效果非常好。

（2）员工需要注意个人及品牌形象。员工在代表企业发客户朋友圈时还要注意个人与品牌形象，要做到通过个人形象逐渐为品牌树立有温度的代言，把客户朋友圈的个人形象或品牌形象当成门面来吸引客户。

（3）客户朋友圈的内容切忌生硬。客户朋友圈的内容要尽量营造出一种客户容易融入的场景，广告亦是如此。企业应尽量使内容或广告给客户带来亲切感和为客户服务的感觉。

（4）规划客户朋友圈的内容。企业可以用营销策略来规划一段时间或一个周期的客户朋友圈内容。比如，在推出新品时，可以按照"品牌宣传—活动推广—产品成交"的模式分阶段规划内容。

（5）把控内容的推送时间和频率。内容的推送时间把控得准确与否对客户能否看到客户朋友圈的内容也有影响。企业可以使用 A/B 测试法，分析哪个时间段推送内容能被更多的客户看到，然后总结出时间规律。一般来说，上下班前后和晚饭后的时段可以着重测试。同时，内容的推送频率也要根据实际情况调整，不要让客户感觉到被打扰，可以根据客户画像选择合适的频率进行推送。

如果企业想查看客户的微信朋友圈，以进一步了解客户，则可以将客户朋友圈和微信朋友圈结合使用，这样更有利于私域流量池的建设。随着企业微信的不断完善，相信企业微信会对企业的线上营销做出更大的贡献。

（6）有效结合微信生态中的其他功能。在微信生态中，除了企业微信，还有小程序、视频号、公众号，这些都是同时具备社交功能和营销作用的工具。可以把这几个工具结合起来，更有效地进行各种营销活动和引流。

另外，可以将企业微信和腾讯旗下的三大直播产品（企业微信自带的直播、小程序上的直播和看点直播）结合使用，有助于在直播期间或直播后把流量导入企业微信中成为私域流量，打造"粉丝经济"。

总之，企业微信是一种线上营销方式。对于门店来说，等于多了一个营销的途径和获取流量的路径。虽然线上营销与传统营销不同，但是二者的核心是一样的，即沟通和维护用户关系。只是前者的沟通和维护更集中在一定的社群中，即私域流量池中的用户。企业微信最大的优势是有微信深耕多年的巨大的用户群体和良好的用户关系，因此打造私域流量池一定不能忽视专门为企业私域流量营销而设计的企业微信平台。

> 自媒体未来的大趋势，也是我们在做的重点，就是"形成矩阵"，让流量在账号之间相互导流、转化，进而裂变为一个更大的私域流量池。
>
> ——郎靖和（Bigger研究所所长）

第九节　大私域玩法：私域不仅是微信生态

我常常在想，私域流量究竟把流量留在了哪里？私域"留量"留的是什么？流量是互联网用语。正如我在前面所说的，流量对应的是背后的"人"，是产品或品牌的"粉丝"。那么应该把这些来自各地的"人"集中在哪里呢？微信是目前常用的社交工具，也是一个生态系统。这里有微信群、公众号、小程序、视频号、企业微信等，每个都吸引着流量，且背靠微信的巨大流量池，无疑是流量留存的最佳场地。

可是除微信外，我们也看到近几年崛起的抖音、快手、小红书，以及一直活跃的微博，这几个平台也显示着巨大的能量，其知名度也比较高。快手大数据研究院于2020年2月发布的《2019快手内容报告》透露，快手的日活在2020年年初就已经成功突破3亿人；而抖音于2021年1月发布的《2020抖音数据报告》显示，截至2020年12月，抖音日均视频搜索量突破4亿次……尽管数据是动态变化的，但仍可看出这些平台的流量价值。

所以，私域流量不应仅停留在微信生态，而应该是一种全平台的流量布局。不同的平台只是不同的装有流量的池子，而"留量"真正留的是人心，只有留住了人心，才是真正的私域流量。换言之，私域流量其实只是一种让产品或品牌与更多的"人"接触的工具，"人"在，产品或品牌就在。往更深处想，只要人心在，哪怕产品或品牌不在了，若干年后重来依然有群众基础。或许有人会说"传统广告也具有品牌效应"，但我认为私域流量偏向于与用户互动而建立起来的情感连接，与传统的品牌效应还是有区别的。所以，乘着科技的东风，关注流量动向，在各大平台做好流量策略，让更多的人接触产品或品牌，让产品或品牌为更多的人服务，从而产生交集，留下"人心"，这就是我的"大私域流量观"。

基于这种思想，我认为大私域流量除把用户引流到微信生态里做用户维护外，还可以在各大平台建立私域流量池，维护自己的用户。由于互联网行业变化极快，因此需要同时关注各大平台的流量动向，随时调整流量布局，建立可以互相配合的流量矩阵。本节我们就分别了解一下在抖音、快手、小红书及微博平台上如何建立私域流量池。

1. 抖音

抖音是一个"音乐+创意+短视频"的内容社交平台。除此之外，抖音还上架了商品橱窗和抖音小店，开始了电商方面的尝试。可以说，这是一款全民软件，很多人会使用抖音浏览并发布作品。

抖音的用户主要是一、二线城市的年轻人，有全民化的趋势，女性用户比男性用户多。抖音的产品包括音乐创意短视频、商品橱窗、抖音小店等。音乐创意短视频是抖音的主要内容，这个内容的创作交给了使用平台的普通创作者。

抖音上的短视频题材主要包括生活记录、知识技能、颜值歌舞、表演剧场等，短视频和直播是抖音上比较热门的内容。我们可以根据自己的目标用户，选择做不同类别的内容，以吸引用户。

抖音的流量分配采用智能推荐机制，由机器算法和人工双重审核，分为3次推荐，即初级推荐、多级推荐、热门推荐。这种推荐方法的好处是平台根据用户的浏览历史和偏好，将创作者的视频或直播精准地发送给相应的用户，因此要求内容垂直深耕，形成能被机器搜索到的"标签"。

建立在抖音上的私域流量池想要获得流量，就要仔细研究平台规则，在平台规则下积累用户。

（1）在打造内容时，不要打"硬广"，要做适合目标用户喜好和抖音风格的内容，这样在吸引目标用户的同时也会得到平台的流量倾斜。

（2）在账号组合上，建议设置两种性质的账号：一种是官方账号，用来发布消息、通知、官方活动等；另一种是真人账号，能与粉丝亲切互动，进行感情交流，以培养私域流量。

（3）在具体的用户触点上，如在店名的设置、主页的自我介绍上，强调自己的"标签"。除了与"抖粉"在抖音粉丝群里互动，还可以在抖音平台上设计圈子、打卡签到、买家分享等活动，精细化培养私域流量。

商业性质的私域流量池可以通过入驻抖音小店，同时在火山小视频、抖音、西瓜视频等平台获得展示机会和产品销售机会。目前在抖音小店购买产品的用户可以直接转化成抖音账号的粉丝。

背靠抖音6亿多人的日活，在抖音上积极探索建立自己的私域流量池，不失为明智之举。

2. 快手

快手和抖音一样，也是短视频App中的佼佼者。快手刚推出时的理念是"记录生活，记录你"，现在改为"拥抱每一种生活"。其视频内容比较接地气，富有生活气息，用户主要集中在三、四线城市和农村，目前有上行的趋势，用户年龄以25~34岁居多，男性用户相对较多。快手的推荐机制是去中心化的，流量供给的特征是趋于平均分配，比较适合"长尾用户"，粉丝忠诚度较高，平台变现方式主要是直播带货。

快手和抖音都是短视频内容生产平台，但快手的社交和社区属性更强一些。在短视频平台建立私域流量池，积累用户，要做到以下3点：一要判断自己的内容是否符合平台风格，以做出受众喜爱的内容；二要判断平台的用户是否是自己的目标用户；三要研究平台的推荐机制和规则，争取流量。

在这里比较一下抖音和快手两个平台的不同点。

（1）抖音的理念是"记录美好生活"，强调"美好"，内容上偏向潮酷炫美，符合年轻人的品位，表演成分更多一点；快手刚推出时的理念是"记录生活，记录你"，除了强调"生活"，也强调"你"，内容上偏向真实生活的分享，注重社交，且具有社区属性。

（2）抖音的用户多为一、二线城市的年轻人，用户受教育程度较高，用户量大，日活已达到6亿多人，但粉丝参与程度不如快手，且多为创作者的观众；快手的日活有3亿多人，用户多为三、四线城市和农村的青年人，粉丝参与程度高，与创作者的互动性强，具有社交属性，带货转化率高。

（3）抖音的推荐机制是叠加推荐，通过不同层级的流量池的加权，比较容易做出爆品，可以被更多人看到；快手的推荐机制更倾向于流量均分，对普通的"长尾用户"有利，也可以获得流量，但不容易做出爆品。

通过以上的比较可以看出：抖音的日活更多、活跃用户更多且更年轻时尚，容易做出爆品，但是用户黏性不高，变现多为广告收益；快手则注重真实生活的分享，粉丝忠诚度高，具有社交和社区属性，通过直播带货变现。所以在我看来，对于私域流量，在抖音上更适合做品牌宣传，积累用户，在快手上更容易做社交互动，培养用户感情，进行引流。

3. 小红书

小红书的定位是社交分享和电商平台，是具有社交属性的平台。这个平台的电商主打海外购，社交板块主打用户分享笔记。

小红书的用户以女性为主，主要集中在一线城市，普遍为大学生和上班族，用户年龄偏低，消费观念和消费欲望都比较强，善于接纳新事物。除普通用户外，小红书中还有一些自带流量的明星。目前，小红书的MAU（月活跃用户数量）已经突破1亿人。尽管没有抖音、快手的活跃用户多，但小红书的用户基本都是现实消费者或潜在消费者，对于私域流量来说，属于高价值用户。

小红书虽然是电商平台，但是社交性质明显，用户互动性很强，用户与用户之间相互推荐、信任度高，适合内容"种草"，利于引流。

小红书除要求内容优质外，还要求原创，内容可以是视频也可以是图文，对图片的质量和文字的排版等有要求，提倡提供对受众有帮助的内容，给受众带来好的体验。小红书上的内容基本上是吃、喝、玩、乐、买等日常生活，包括产品使用体验、美妆或美食教程、产品测评、旅行摄影、育儿居家等，通过日常生活的分享来进行好物分享，"安利"产品或品牌。作为这个平台的私域流量，内容需要符合平台的风格，以吸引更多的流量。

小红书的流量分配有两个原则：一是根据用户注册时选择的不同内容，将相应的内容推送给用户；二是根据用户对内容发布的评论和转发等，判断用户的喜好，分配相应的流量。小红书上的内容不仅会得到小红书的站内流量支持，还会得到百度搜索的流量支持。在小红书上，想要得到更多的产品曝光，设置关键词必不可少。除了在标题中设置关键词，还可以在正文的开头、中间、结尾处设置几个关键词，提高被搜索到的概率。

4.微博

微博是博客的一种，是一个内容社交平台，通过关注和转发机制分享实时信息，具有传播属性。微博（新浪微博）成立于2009年，具有广泛的知名度和巨大的用户群，是"老牌"的信息传播平台和社交平台。

微博的Slogan是"随时随地发现新鲜事"，粉丝关注排名前十的账号集中在娱乐界、体育界和企业界，内容主要是新闻、明星话题、热点话题。微博更具媒体性质，是娱乐界、体育界和企业界的"新闻发布场所"。

微博上粉丝量大的用户基本上是明星或权威团体。这些粉丝具有泛娱乐性质，不是特定的群体，涉及面广，具有综合性特点。所以，在微博上积累私域流量、建立私域流量池还是很有必要的。

微博可以通过用户之间的关注与转发形成巨大的流量，也可以通过发起话题和活动、建立超话社区和视频社区来吸引用户，提升用户黏性。另外，在微博简介和被关注后的自动回复功能里可以添加个人联系方式进行引流，打造私域流量池。

微博的流量分配机制基于微博发布数量，发布数量越多获得的流量入口越大，所以需要定期发布内容。内容的设置可以根据产品或品牌的性质，打造相应的人设。因为用户更喜欢具有人格化的产品，更容易接受产品的人设代入。比如，把自己打造为喜欢分享化妆心得的博主，定期发布与化妆品相关的内容、话题或活动，建立自己的圈子。

在优质内容的打造上，微博与其他平台一样，需要有恰当的定位，紧跟热点与时事，并且能根据不同的人设和情景讲不同的故事。内容的垂直性越强，越有利于吸引有需求的用户。此外，微博不仅根据关键词的精准度和关联度排名，还根据计分和权重进行先后顺序的排列。

目前，流量平台的战火硝烟不断，各类平台都在追逐流量的道路上各显神通。除了以上4个平台，还有知识问答类的知乎、电影社区的豆瓣、专注年轻人的B站、各大新闻媒体平台等，都有不错的流量。我们可以根据自身的定位和需要，制定流量联动策略。不过，无论布局哪个平台，内容都是关键。

小开给您划重点

（1）与用户之间的3种连接关系。
（2）朋友圈营销的三大关键点。
（3）保持社群生命力的三大运营手段。
（4）用公众号、小程序、视频号、企业微信打造私域流量池的方法。

第八章

流量变现，把隐形的流量变成看得见的财富

变现是私域流量拉新、留存、运营等一系列前期工作最终的导向目标，也是私域流量最大的价值。与诸多同行业者的认知不同，在我看来，变现并不是运营者的核心诉求，"以用户需求为中心"才是。只有最大化地为用户创造价值，才能使私域流量顺利、持续地变现。

阅读指引

（1）企业的核心竞争力是什么？
（2）变现渠道有哪些？
（3）如何成为私域流量中的KOL？

> 做私域流量其实是在经营和用户之间的关系。这种关系往往是由陌生到熟悉，再由熟悉到信任。这是一个建立信任、积累信任的过程。只有将信任积累到一定的程度，用户才会购买。
>
> ——晏涛（社会化营销专家）

第一节 为用户创造价值，才是企业的核心竞争力

我曾经跟一个同行业者聊过"变现"的话题，他向我抱怨："移动互联网普及之后，这个行业的竞争压力越来越大，不仅要跟竞争对手拼实力、拼底蕴，还得跟用户斗智斗勇。流量变现似乎变成了一个运气游戏。"

对于前一句，我是认同的。其实不只是私域流量运营，各行各业、各个领域都是如此。竞争压力越来越大，促使行业发展的基本规则发生改变，这也是社会大环境进步的动力。而对于后一句，我却有一些不同的看法。我认为，依靠运气得来的流量变现根本就算不得变现，反而更像一次交易。所谓变现，是指通过各种方式、途径将公域流量内化成私域流量，并以价值、利益、信息等内容使私域流量转变成用户，最终以不间断地价值输出，把用户转化为活跃的、长久的忠诚用户。我认为，变现的本质一定要建立在给用户提供价值方案的基础之上。

因此，为用户创造价值才是企业的核心竞争力，才是企业生存的基础。其实我已经不止一次地强调过，在私域流量的时代背景下，作为流量运营者，必须抛弃以往传统的供应者与需求者的单调利益交换关系，而应当形成以输出价值为基础，有沟通、有温度的情感交换关系。否则，"流量"二字就失去了其本应具备的巨大潜力和用户价值。

接下来，我以线上K歌软件"唱吧"为例，为大家解读一下"用户价值"的关键。

唱吧于2012年横空出世，与微信一起成为当年成长最快的两款App。在短短两年时间内，唱吧的用户数量于2014年第一季度迈过了2亿人的大关。拥有如此庞大的用户基数，手里还握着红杉资本、蓝驰创投等老牌投资机构的资金，其前途不可谓不光明。

然而，在如今的线上K歌赛道里，各类App数不胜数，还有一个强劲的对手——腾讯旗下的全民K歌，昔日的明星——唱吧失去了原本独属于它的那份光芒。究其原因，我认为最主要的还是唱吧没有想清楚用户使用线上K歌软件的本质需求，也就是说它创造出的价值并不是用户迫切需要的价值。

2014年，唱吧创始人陈华投资麦颂，高调宣布进军线下KTV业务，并推出了在接下来的5年内，开2000家门店的宏伟计划。从线上到线下的转变中，用户价值存在哪些不同呢？如果不理解这一变化，那么想要开辟新的业务无异于痴人说梦。

对用户来说，线上K歌软件就是一个展现自我的平台，用户会做准备，做简单的排练，只为让其他人看到自己最好的一面，渴望得到大家的赞扬与掌声；而线下KTV则与陌生人无关，只是与三五个好友或业务伙伴宣泄情感、交流观点的场地，其本质是一个社交场地。因此，唱吧将线上流量迁移到线下的希望必然落空，或者效果达不到预期。天眼查的数据显示，截至2020年，麦颂KTV的线下门店一共有500家，仅是陈华宏大计划的四分之一。

在我看来，私域流量对企业营销产生的重要价值是用户价值，而不是产品价值。所以，当唱吧不再满足用户的需求，不再创造用户价值时，自然就难以成功。企业必须明白，所有的产品只有用户买单才能实现其价值。

一个拥有光明前景的企业尚且会因为用户价值而折戟，更何况一般的流量运营机构呢？当然，从唱吧的角度来说，它难道不知道用户价值的重要性吗？肯定是知道的，只不过用户价值中也有诸多细分的关键因素，需要根据不同的场景输出不同的价值。接下来，我会根据自己多年来的市场经验，分析为用户创造价值的关键点。

1. 明确场景与用户价值的关系

当企业发展到一定阶段，或者遇到瓶颈时，开启第二曲线几乎是一个必然的选择，此举无可避免地会使企业进入一个新的场景中。在此之后，企业的思路、逻辑、产品、价值都应当随之做出相应的转变。

比如，虽然唱吧的线上和线下业务的目标用户是同一群人，但两个场景中的用户需求和用户价值存在天壤之别，这是很多人都容易忽略的问题。

再如，在酒店行业，同样面对用户的住宿需求，连锁酒店、星级酒店及民宿所提供价值的侧重点各有千秋。换言之，为用户创造的价值有区别，导致其核心竞争力也不尽相同。

2. 真正做到与用户连接

这一点也是老生常谈的话题。如何让用户感受到我们创造的价值，是理解用户价值另一个极为重要的角度。之前的市场提倡的是"工匠精神"，是"酒香不怕巷子深"，但是当新时代场景下的用户面临的选项多到眼花缭乱时，又有多少人愿意花时间寻找具备高"工匠精神"的产品呢？除有较高品牌影响力和较多忠诚用户的大品牌、大IP外，如今的市场环境留给创业者沉下心做产品、做价值的时间和资源并不多。所以，对运营者来说，以第一代足够优质的产品连接用户，积攒足够的资金和资源之后，再打磨产品、发扬"工匠精神"也不迟。

3. 独特的用户价值才有足够的吸引力

这一点可以从两个角度来理解：一是运营者的角度，即企业价值与竞争对手价值的差异性；二是用户的角度，即用户得到的增值服务。

第一个角度就是常说的差异化竞争，即企业要给用户提供竞争对手所不具备的服务与价值，以此来吸引用户。手机行业里各大厂商的竞争最能体现此逻辑。

第二个角度也很好理解,即以大于产品本身的价值服务用户。常见的操作方式有会员制、积分制、提供赠品等。增值服务之所以有强大的吸引力,原因在于它给予了用户"高人一等"的消费体验,如赠送用户各种签名版、限量版的产品等。

不管市场竞争在未来会有何种形式上的变化,但其激烈程度是不会变的,以价值赢取用户的本质同样不会变。因此,作为运营者,只要做到以竞争本质为导向,不断增强竞争实力,优化竞争手段,必然能在流量之战中打下属于自己的一片江山。

> 一旦设立产生流量、能够变现的目标,难做成好的产品。这不是我们倡导的原则,设计好的产品以及和用户分享才是。
>
> ——张小龙(微信创始人)

第二节 跳出产品看需求,打造多元化的变现渠道

以护肤品为例,大家设想如下两个场景。第一个场景:运营者极力向用户讲述某款产品背后的企业实力、品牌价值,讲述产品的原理、作用。第二个场景:运营者以现有社会生活节奏为前提,讲述产品可以有效解决哪些皮肤问题,并列出真实的案例。作为用户,你更倾向于接受哪种营销方式?

相信各位都能看出来,这两个场景分别代表典型的"卖家思维"和"买家思维"。前者以产品为中心,通过产品的企业实力、品牌价值背书获取用户的信任,进而达到流量变现的目的;后者站在用户的角度,以实际的问题或需求拉近与用户之间的距离,再通过实际的效果或案例打动用户,最终实现流量变现。

这两种营销思维在如今的市场中各有其拥趸和践行者,我们无法仅从理论层面分出好坏。面对不同类型的用户,不同的营销思维或许能起到不同的效果。就我个人来说,我更推崇的是跳出产品的思维禁锢,寻求更真实的用户需求,以多元化的

渠道实现流量变现。

所谓跳出产品的思维禁锢，可以从运营者和用户两个角度来理解。

（1）运营者的角度。需要明确的一点是，产品的质量无论在何种场景中都极为重要，它是所有营销手段、营销策略的基础和前提。但是在私域流量时代，我们不能仅以产品质量为卖点。拓宽与用户的连接通道，培养对用户有温度、与同行业者有差异的竞争能力，才是一家企业首先要解决的内部需求。

（2）用户的角度。为什么会有很多人不再赞同"卖家思维"？其根本原因在于，这种思维与如今的互联网市场严重脱节，与用户也是如此。所有的企业都开始标榜自己产品的质量与价值，但是站在用户的角度，很难凭借仅有的信息从铺天盖地的推销中发现高质量的、符合自己需求的产品。那么，用户会怎么做呢？用户会以专家的意见、实际案例为导向，寻找能解决问题的产品或信息，而不再是先看产品，再决定产品是否对自己有帮助。整个逻辑发生了前后翻转。

因此，运营者应当学会"成为"用户，从切身的体验出发，发现、总结有实际参考价值的用户需求，并以此为依据，调整产品、内容或价值的宣传方向，给予用户有意义、有效果的价值输出，从而实现流量变现。

变现，是每个运营者最终也是最迫切的目的，而顺利、高效地变现，更是所有运营者都在苦苦追求的目标。但根据我的市场观察，不论具体的变现逻辑是什么，单渠道变现肯定无法将产品的价值最大化。比如，一名美妆博主拍摄了一条关于护肤品使用经验的视频，他不仅可以将视频发到微博、小红书等平台，还可以发到抖音、快手及B站等同样有着巨大需求和流量的平台。全渠道的宣传路径能全方位地触达更多的用户，实现内容传递的最大化。

宣传路径如此，变现路径同样如此。在多元化的市场环境中，固守单渠道无异于坐井观天，长此以往，我们触达用户、连接用户的能力及市场竞争力必然会远远落后于同行业者，进而被市场淘汰。因此，在我看来，多元化的变现渠道是市场的必然趋势，也是运营者的必然选择。如今，逻辑最通顺、变现能力最强的渠道主要有3个：广告变现、电商变现及直播变现。

1.广告变现

对个人运营者或小型企业来说，在持续输出内容或价值的前提下，广告变现是最简单、最稳定的一种渠道。如今的各大流量平台，如微信公众号和视频号、头条号、抖音、快手、B站等，都给内容创作者提供了十分成熟的广告变现机制。不管是推销个人的产品，还是通过平台推送广告，都能有不错的广告收益。也正是因为有如此成熟的广告变现机制，这些平台才能吸引众多内容创作者，进而积累用户，形成双赢甚至多方受益的良性循环。

当然，我一直强调，顺利变现的前提是，内容创作者可以持续输出有质量、有吸引力的内容，能够获得用户的认可。

2.电商变现

电商绝对算得上是当下所有常见变现渠道中最有效率、变现能力最强的渠道之一。在实际操作时，我们可以根据产品的性质，通过多种方式切入电商领域。第一种方式是在前期积累了足够多的私域流量后，以此为依托打造自有平台。这种方式的典型案例是深耕女性生理健康赛道的美柚。

2013年4月，美柚以女性经期的记录与管理工具这一形象出现在人们面前。在后续的发展中，它一直保持"工具+社区"的运营思路，以独树一帜的功能满足用户最为基本的时间记录需求，再以完善的社区留存、积累用户，提升用户黏性和活跃度。仅用了两年时间，美柚的用户数量就已超过1亿人。而且，根据易观、艾瑞、QuestMobile等多个权威第三方调研机构的数据，不管是用户总量、用户活跃度，还是日均打开次数、日均使用时长，美柚都是当之无愧的赛道领头羊。

之后，美柚以巨大的私域流量池为根基，推出了自有平台"柚子街"，实现了以工具引流、以社区留存、以电商变现的完整流量商业闭环。

但是，自建电商平台会涉及物流、仓储、配送等一系列环节，以及与上下游供应商的合作，需要强大的底蕴和雄厚的资金作为支撑，只有这样才能覆盖全产业链。因此，对个人运营者或小型企业来说，最为实用的切入方式是接入淘宝、京东等现有电商平台，通过引流的方式，引导用户去店铺购买，实现流量变现，这是第二种方式。这种方式是目前的主流选择。

3. 直播变现

直播市场的热度和前景无须我来多说，其变现能力和变现效率也是有目共睹的。在我看来，直播是最契合移动互联网和私域流量时代特征的变现渠道。因为相比其他渠道，直播多了一个与用户直接沟通（通过弹幕或评论）的机会，能够进一步加深与用户的情感连接，提升用户黏性和忠诚度，最终实现流量变现。

直播变现的方式多种多样，除了最直接的观众打赏、平台分红，直播带货也是当下十分流行的变现方式。除了一些大家耳熟能详的头部主播，众多个人运营者或小型企业也在采用这一渠道。综合来说，直播变现的效果较为显著。

新时代生成新思维，新思维引发新需求，新需求反推新途径，不论其中哪个环节发生改变，都将引起整个链条的重构。对运营者来说，墨守成规万不可取。如果我们的运营思路和方式跟不上时代，跟不上用户思维的变化，用户就会"流"往他处。运营多元化、变现渠道多元化便是应对时代变迁最稳定、最有效的利器。

> 由于外部世界的复杂性，普通民众不能完全通过自身实践去认知世界，而要借助于媒介、信任的意见领袖等去了解世界。
>
> ——沃尔特·李普曼（美国新闻评论家、作家）

第三节　打造私域流量中的KOL，由点及面

在移动互联网时代，用户通过各种途径获取到的信息愈发碎片化，零碎的信息改变了大部分人的信息获取习惯，他们不再愿意花时间翻看媒体大篇幅的报道，这或许也是传统营销手段（如纸媒广告）逐渐式微的原因之一。从另一个角度来说，这也是KOL（关键意见领袖）逐渐被人们接受和认可的原因之一。

KOL在营销领域已经算不上是一个新生概念，它大致诞生于2011年的微博时代，表现形式为微博"大V"通过图文等内容传播自己的想法和意见，影响自己的粉丝和他人。而如今，KOL更多地在电商、直播带货等营销场景中被提及，他们通过自己的专业知识或亲身体验，向直播间里的观众推荐产品。这类人的代表有李佳琦、罗永浩等，我相信各位也都耳熟能详。

通过深入思考和研究，我发现KOL的本质及核心其实是"O"，即意见，这一点可能与很多人的看法有所出入。我持有此观点的理由是，如果一个人通过唱歌、舞蹈等才艺，或者

仅因为容貌而获得数量庞大的粉丝群体，而无法根据个人的专业知识、经历经验等输出独特且有影响力的观点、意见或看法，那么他可以被称为"网红"，但不能被视为KOL。

只要深入地对比"网红"与KOL，就能发现两者之间的差别。以有才艺的"网红"为例，他们的营销点或吸引点在于个人的才艺，无法就其他领域中的产品、内容、价值输出一些有影响力的观点。反观一个真正的KOL，如李佳琦，为什么他的一句"Oh My God！买它"就能让用户信服，能在短短几分钟内卖出上万支口红？其中的逻辑就是用户对李佳琦的信任，对李佳琦输出观点的认可。

信任，就是KOL之所以能够存在，其中的"O"之所以能够展现其作用的核心原因。那么，用户对KOL的信任又是从何而来的呢？其实用户都知道，KOL的背后大都有一支高度专业的团队作为支撑，他们对产品有更高的鉴别能力，对供货商也有更高的议价能力，比自己买更可靠，性价比也更高。当然，KOL也没有枉费用户的信任。

而在私域流量的经营中，KOL同样是举足轻重的存在。当我们成为KOL或团队内有一个KOL时，便可以由点及面，带动全局的发展。

KOL的能量和重要作用我已经讲解得十分清晰明了了。那么，对运营者来说，如何打造KOL，并且顺利地将流量变现呢？我认为可以抓住KOL的基础特性，从以下几个角度入手。

1. 深耕于专一赛道

大家可能注意到,在目前各个领域的KOL中,有很多是多赛道、多领域布局的,这样既能使KOL的影响力最大化,也能使运营机构得到的利益最大化。而我为什么推荐大家深耕于专一赛道呢?最主要的原因有两个。

(1)不管在哪个行业、哪个领域,用户所熟知的、所信服的KOL并不是个人在运作,他们的背后大都有一支涵盖整个运营链条的专业团队作为支撑,KOL输出的意见其实是整个团队专业知识和经验的综合,所以才能面面俱到,才会表现出巨大的影响力。而对一般的企业来说,前期基本拿不出如此规模的人力、物力和资源来打造这样一支团队,即便有了初步的团队模型,在KOL将流量变现之前,团队的运营成本也是一笔难以负担的开支。

(2)试想一下,用户对李佳琦、罗永浩的信任是在短时间内建立起来的吗?肯定不是。这些KOL在成名之前也经历过漫长的经验、知识的积累过程,用户对他们的信任就是在一次次的直播、一次次的意见验证、一次次的用心推荐中建立起来的。"不经一番寒彻骨,怎得梅花扑鼻香。"而我之所以强调要在专一赛道深耕,也是因为如此更加有利于用户信任的积累。在KOL有足够的影响力之前,频繁地更换赛道很容易给人留下轻浮、不专业的印象,难以建立起有价值的长期信任。

2. 意见要有影响力

KOL之所以能够成为KOL,就在于其关键意见超越了普通用户的鉴别层次和认知层次，能够让用户从专业的角度看待其推荐的产品，从而形成对用户的影响。意见的影响力可以从诸多方面来体现，最关键的角度是客观和专业。

客观是我认为的KOL意见中极为重要的一个因素。KOL在供货商和用户的关系中，更多的是作为第三方来传递产品的内容与价值。如果偏向于用户，极力压榨供货商的生存空间和利益空间，的确会在一定程度上帮助自己建立与用户的情感连接，但不利于事业的长期发展；如果与供货商联合，在宣传中掺杂水分，甚至虚假宣传，只为从用户手中获取更多的利益，那无异于杀鸡取卵，害人害己。辛巴的"糖水燕窝"事件就是一个典型的例子，即便是头部主播，依然受到了严重的反噬。因此，我们要把位置摆正，不偏不倚地输出自己的经验与知识，方能形成有影响力的意见。

再有就是专业，这是KOL的职业素养。用户看重KOL的意见，很大一部分原因是能够获得自己不具备的专业知识，提升鉴别产品的能力。专业度与用户信任、意见影响力一样，都需要不断深耕、不断积累。

3. 与用户的连接要有温度

以上两点多是理性因素，与用户的连接更注重的是感性因素。比如，博主"你好_竹子"输出的内容的故事性与趣味性都特别高，能够引起粉丝的共鸣，因此广受好评。在做产品宣传时，有温度的连接更能发挥作用，降低用户的戒心，更容易实现内容传递。如今人们的生活节奏快、工作压力大，如果我们在面对用户时板着脸，不苟言笑，那肯定无法获得他们的

"芳心"。关于"有温度"这一关键点,我已经做过很多解读,大都可以通用,此处不再赘述。

本章第二节提到了多元化的变现渠道,其中就涉及了电商变现和直播变现,本节所讲的KOL,同样是变现的一大利器。而且,我们更常见到的运作方式是"KOL+直播"或"KOL+电商"。在此,我推荐大家双管齐下,打造更通畅的变现渠道。

小开给您划重点

(1)为用户创造价值的三大关键点。

(2)多元化变现的三大渠道。

(3)抓住KOL基础特性的3个角度。

第九章
一切皆为服务输出,服务是"超级用户思维"

用户的触达是服务，留存是服务，运营是服务，变现背后的逻辑同样是服务，服务自始至终贯穿了私域流量的整条生命线。一言以蔽之：一切皆为服务输出。在新时代、新思潮的市场背景中，"超级用户思维"成了流量服务的重头戏，它从内到外影响着运营者，也改变着用户的消费理念和消费习惯。

阅读指引

（1）如何理解"一切皆为服务"？
（2）什么是"超级用户思维"？
（3）什么样的产品算"新爆品"？

第九章 一切皆为服务输出，服务是"超级用户思维"

> 我的人生哲学是工作，我要揭示大自然的奥秘，并以此为人类造福。我们在世的短暂的一生中，我不知道还有什么是比这种服务更好的了。
>
> ——【美】爱迪生

第一节 一切皆为服务，服务是终点也是起点

XaaS是一个互联网服务相关的概念，意思是X as a Service（一切皆为服务），由美国的行业组织The Open Group命名。美国国家标准与技术研究院将其定义为：所有与云相关的服务概括（"与云相关"就是与互联网相关）。XaaS的发展速度非常快，有人形容是："爆发式"的发展。各种形式的云服务不断拓展着XaaS的边界，从最早的软件即服务（Software as a Service，SaaS），到现在的安全、数据库、监控/管理、备份等都属于云服务。

"一切皆为服务"提出了一个概念：服务不再从属于产品，不再只是产品的附加值，而是实实在在的"产品"，而产品则只是用于服务的手段，即服务是流量池的"产品"，而产品变成了服务手段。从这个角度讲，私域流量池属于"一切皆为服务"的范畴。吸引流量是私域流量池的目标，服务是私域流量池吸引流量的"产品"，因此可以说，服务是私域流量池的立身之本，私域流量池里"一切皆为服务"。

从服务用户的角度出发，要求运营者不断提供符合用户需求的各种产品，不断丰富私域流量池的内容，保持私域流量池的活跃，营造良好的氛围。形成真正好的私域流量池需要长期的服务，很多私域流量池在开始活跃了一段时间后归于沉寂，究其原因还是服务没做到位。这往往是因为私域流量池蕴含的能量及其服务理念没有真正地深入人心，导致服务的后劲不足，最后辛苦获得的流量逐渐流失。所以，打造私域流量池的难点和重点其实是服务，要关注服务的精神、服务的态度、服务的理念。

目前，私域流量池的服务运营还处于探索阶段，比较常见的服务方式包括符合用户需求的内容输出、VIP专享、折扣商品、社区服务、话题圈子、红包抽奖、优惠券、积分等。此外，还包括针对用户的人性化服务，如根据用户的基本信息提供的生日祝福、生日礼物，根据用户的爱好特别设计的服务等。私域流量池所提供服务的核心和基础是有形或无形的产品，要先提供能满足用户需求的产品，在满足用户需求的基础上培养与用户的关系，进而培养与用户的感情。

私域流量池的服务代表了新兴的服务形态，具有以下4个特点。

1. 私域流量池的服务不是一次性的

传统的商品服务会随着商品买卖关系的结束而结束，私域流量池的服务则从用户进入私域流量池的那一刻开始，随着商品买卖关系的结束进一步展开，即开始运营用户关系。商品销售完成是商品服务的终点，而私域流量池的服务则在商品销售完成后才刚刚开始。私域流量池经营的不是商品买卖关系，而是用户的信任关系。

2. 私域流量池的服务是成体系的、专业的

私域流量池的服务不仅包括对用户的服务，还包括对上下游供应商的管理及对产品的包装和平台的设计。如果私域流量池搭建在公域平台上，则要考虑该平台是否稳定、对用户是否有吸引力。总之，私域流量池的服务不是仅面向用户的服务，而是一个成体系的服务系统，需要各个环节共同参与。

私域流量池的服务是专业的服务。私域流量池提供的服务不是一种增值服务，而是具有独立价值的产品，因此要打造一种专业IP的形象，为用户提供专业的服务。这里的专业包括知识的专业和服务的专业，以专家的知识维护私域流量池，以专业的服务态度运营私域流量池。

3. 私域流量池的服务要具备打持久战的决心

很多人在私域流量池建立初期干劲满满，结果后劲不足，导致其慢慢凋零；也有人在私域流量池建立之初就想获得收益，而不是潜心深耕服务，这容易导致现实与想法的冲突。所以，建立私域流量池要具备打持久战的决心。私域流量池经营得越久，用户留存越多，私域流量池蕴含的能量越大，其价值也越大。

4. 私域流量池的服务具有数据优势

私域流量池中有后台数据，可以很好地构建用户画像，

提供更有针对性和更完善的服务。在这里,数据是工具,数据背后的人的需求才是重点。私域流量池的服务就是通过数据来发现用户的特点、兴趣、爱好,发现用户行为背后的因素,以期更加了解用户,用更好的服务解决用户的实际问题,满足用户需求。

简而言之,私域流量池的服务具有非一次性、成体系、专业、持久、数据化等特点。私域流量池里"一切皆为服务",服务是私域流量池的"产品",它既是私域流量池的终点,也是私域流量池运营的起点。认清私域流量池的服务本质,认识到产品功能的服务化和私域流量池服务的产品化之间的联系,有助于更好地从服务的角度帮助用户解决问题,满足用户需求,实现私域流量池的长久发展。

> 私域思维，是资产思维，也是终身价值思维。
>
> ——刘润（润米咨询创始人）

第二节 "超级用户思维"的"三感"方法论

"超级用户思维"的概念出自美国尼尔森公司高管艾迪·尹的著作《超级用户》，国内最早由吴声提出，并通过罗振宇2017年"时间的朋友"跨年演讲被大众所熟知。这种"超级用户"的概念为私域流量池的精细化用户运营提供了思想基础，也让更多的运营者开始思考私域流量的意义。

"超级用户"是指因某种身份而享受到平台特殊的待遇，并且在使用平台的过程中，与平台形成一种信任、依赖、共建关系的用户。"超级用户思维"的本质是一种为特殊用户打造特殊利益的用户思维，以便建立长久的用户关系和对用户感情进行管理。

美国会员制超市Costco就是"超级用户思维"的典型案例。它把会员分为执行会员和非执行会员，又把非执行会员分为商业会员和金星会员，前者仅做商业用途，后者仅用于个人（见表9-1）。执行会员除享受低价商品外，还可以享受一定比例的现金回馈（有最高限额，回馈金额依据地区不同而不同）。执行会员和金星会员可以加一张副卡，商业会员是企业为员工采购而办理的，可以加多张副卡。

表9-1 Costco的会员制

	执行会员	非执行会员	
		商业会员	金星会员
年费	120美元	60美元	60美元
权益	免费加一张副卡；消费享有2%的现金回馈	免费加一张副卡，加一人加价55美元，该会员又可再免费加一张副卡	免费加一张副卡
其他	使用Costco与花旗银行推出的联名卡可享受：加油4%的回馈，且不限Costco加油站（消费上限7000美元/年，超出部分按1%计）；餐厅与旅行3%的回馈；Costco消费2%的回馈，包含实体店与线上；其他消费1%的回馈；Costco会员无其他年费	—	—

Costco把会员划分得非常细致，并且还给会员周围的人赠送或多或少的副卡，可以看出这家超市对会员的服务十分细心周到。相比国内很多超市也采用会员卡的方式建立会员制，两者之间是有区别的：Costco所有的会员都需要缴纳会员费，而国内超市的会员卡大多是免费的；Costco里的商品质量好、价格低（采用严格的低毛利率和严格的供应商管理方式），国内超市有些商品的会员价格比正常价格稍低，但总体价格参差不齐。

从上述对比中可以看出，Costco真正做到了为会员提供质高价低的商品，这其实是用户的核心利益和需求，也是与用户建立信任、依赖、共建关系的纽带。因此，虽然Costco的会员需要缴费，但其会员仍然比国内超市的会员忠诚。何为信任、依赖、共建关系？Costco的退换货和退会员费的政策也许可以解释：Costco的退换货没有时间限制（部分商品除外），会员费随时可退。我们经常看到Costco商品买卖亏损却靠会员费盈利的报道，也许有人以为Costco赚的是会员费，那么它承诺的"会员费随时可退"又怎么解释呢？我认为它赚的其实不是会员费，而是不断加入和随时续费的会员。虽然商品在亏损，但现金流源源不断，因此它赚的是给会员特殊利益的钱，赚的是与会员共建共享亲密关系的钱，赚的是服务的钱。

上述Costco的"超级用户思维"，也是一种私域思维。这种思维不再将商品作为交换物，而是以向用户提供服务、让用户享受特殊利益而获取报酬。这种思维使私域流量池与用户的关系更加亲密，更加具有可持续性。

"超级用户思维"决定了为用户服务的基因，体现了以用户为先的服务属性。那么，如何运用"超级用户思维"来服务私域流量池中的用户呢？我建议使用"三感"方法论，"三感"即用户的价值感、社群感和参与感。

1. 用户的价值感

用户的价值感即为用户提供具有超值感的功能，超出用户预期地满足用户的核心需求，这是获得用户的基石。比如，Costco的会员卡和国内的京东Plus卡等都可以帮助用户省钱，符合用户使用平台的核心需求。因此，私域流量运用"超级用户思维"，要考虑如何为其中的用户创造最大的价值。

2. 用户的社群感

社群感是一种用户对平台和对其他用户的情感，对用户来说是一种归属感和认同感。"超级用户思维"下的社群感是为用户打造一种因享用超值的、专属的、定制的产品或服务而产生的优越感。用户借社群的价值观表达自己的观点、立场，进而拥有社群归属感和认同感。比如，豆瓣的电影评论区、读书区，都可以让用户产生一定的归属感和认同感。

3. 用户的参与感

参与感是用户在对平台认同基础上的一种积极参与的态度。向对平台的价值观有认同感的用户开放互动机制，可以方便用户对平台进行反馈或提出建议，并且参与平台的成长，主动为平台带来新的用户。国内有越来越多的企业开放公众平台，积极鼓励用户参与。比如，飞鹤奶粉会邀请"宝爸""宝妈"带着宝宝零距离参观牧场和工厂，不仅让用户见证了飞鹤的品质，也使更多的用户信任飞鹤。

除用户的价值感属于功能层面的满足外，用户的社群感和参与感都是用户情感的体现。有人说用户的情绪价值和情感价值是无价的，我认为情绪价值和情感价值再高，其核心基础还是用户的核心需求得到超额满足。

基于"三感"方法论构建私域流量池的方法如下。首先，要从功能上定位自己，给自己贴上超值的功能标签。比如，李佳琦给自己贴的标签就是"卖美妆产品""物美价廉"，用户在这里可以买到超值的正品美妆。

其次，建立私域流量池的价值观体系，通过某种价值观的输出，吸引具有同样价值观的用户。这也可以理解为内容输出，通过内容输出打造具有特征的社群体系，使用户在私域流量池的社群里不仅拥有归属感，还能通过私域流量池的特征彰显自己的形象。现阶段，国内没有哪个公域平台或私域平台拥有非常鲜明的价值观，公域平台的Slogan大多是体现自己的宗旨或服务理念，鲜有鲜明的个性形象或价值形象。我认为这对公域平台或私域平台来说都是一个机会，是一个建立超级用户体系的机会，是一个让用户为自己的价值观买单的机会。

最后，鼓励用户参与私域流量池的成长。如果你是一位母亲，那你对陪伴孩子长大的体会是最深刻的；如果你有一位爱人，那你对爱情慢慢发芽的过程肯定难以忘怀；如果你能作为用户积极参与私域流量池的成长，主动裂变，那这个私域流量池对你来说，无疑就像大树一样牢牢扎根在心里。国内在这方面做得比较好的是小米。小米通过让用户参与产品设计，利用用户对产品的互动，增强其参与感，使用户对产品积极进行口碑传播以达成裂变，这是小米成功的核心。我们也可以通过开放式互动或反馈设计，鼓励用户积极参与，使其成为种子用户，从而进行传播甚至裂变。

"超级用户思维"的"三感"方法论要求从用户的角度触达用户，不仅重视功能上的使用体验，更重视用户情感上的体验。私域流量池本身就是以培养私域流量为目的的，与"超级用户思维"异曲同工。我们可以在"三感"方法论的指导下，通过给用户提供功能上和情感上的体验，使用户建立对私域流量池的深度信任感和认同感，最终打造一种伙伴式、参与式、共荣共享式的用户服务关系。

> 爆品战略的价值观是产品即未来。
>
> ——金错刀（爆品战略研究中心创始人）

第三节 "新爆品时代"的来临

在我看来，私域流量最大的魅力在于可以深度培育用户，实现快速裂变和业绩倍增，而达成这一系列目的的前提是打造属于自己的爆品。

"爆品"的概念最早出自淘宝卖家对销售经验的总结。一款产品成为爆品之后，往往能带动店内其他产品的销售，并且对品牌的美誉度也有帮助。后来，"爆品"一词逐渐被商业领域广泛采用，成为一种营销概念，意在将各种资源向某个产品或品类倾斜，打造爆品，并通过爆品带动整体增长。有人说"爆品时代"已经结束，"新爆品时代"正在来临，因为用户的消费意识和理念正在发生变化。什么样的产品算"新爆品"呢？我的理解是："新爆品"不仅具有超高的销售量和拉动用户裂变、提高品牌美誉度的能力，而且能体现出品牌的价值观和解决用户的场景痛点。

消费的升级、消费意识的升级，让企业围绕"新爆品"不断寻求发展之路，这从农夫山泉历年的广告营销中可以略窥端倪。

农夫山泉最早的广告语是"农夫山泉有点甜"。它利用朗朗上口的广告语，突出了产品的功能性，其在当年的大卖也反映了用户更加重视产品本身的功能。2008年，另一句著名的广告语"我们不生产水，我们只是大自然的搬运工"，用大自然背书，依然强调水本身的质量，即产品的核心功能。一直到2017年与网易云音乐跨界合作之前，农夫山泉无论是在视频广告还是在产品包装等方面，体现的都是水本身的特性，强调的都是产品的功能性。这符合当时用户注重功能的消费心理。

2017年，农夫山泉与网易云音乐跨界合作了一款音乐山泉瓶，直击了用户听着音乐喝水的场景，之后又相继与故宫、综艺节目等合作，表现出产品与文化、青春之间的联系，在探索消费场景的道路上逐渐形成自己的个性。与之相似的江小白也有自己鲜明的标签，其各种吐露当代人心声的文案，让用户感觉它很懂自己，很想循着包装上设计的各种场景抱着一瓶江小白一醉方休。

用户消费习惯改变的背后，其逻辑其实是生活节奏的加快和消费理念的升级。高速的生活节奏让用户的购物变成一件费时间、费精力的事情。在这种情况下，要求企业提供一种场景化的痛点解决方案，直接解决用户的场景痛点，让用户迅速了解在某个场景下某个产品能解决自己的什么问题，从而减少用户的决策时间。随着生活水平的提高和生产技术的发展，人们的消费理念更加个性化，从最开始对产品的功能性需求转变为多元化需求，不仅要求产品具备使用功能，还要求产品提供其他属性的功能。尤其是"90后""95后"这些具备庞大消费能力的消费主体，充满个性、理想、情怀，他们对产品除有基础的功能要求外，还有一些富有时代气息的个性化要求，从审美、兴趣爱好、环保、情怀、舒适度、价值观等角度提出富有个性的要求。

那么，我们该怎样打造爆品呢？是把私域流量池中的产品打造成爆品，还是把私域流量池本身打造成爆品呢？

我认为两者是相得益彰的，产品间接反映了私域流量池的个性和价值观，而私域流量池的运营者也是依据自己想要打造的形象，去设计或挑选产品的。私域流量池中的爆品能够表达私域流量池的个性，当这样的爆品达到一定的数量以后，私域流量池本身也会成为一款爆品，具有自己的形象标签。

私域流量池和产品之间存在包容与被包容的关系。有包容作用的私域流量池，我认为应该具备自己的个性而又深水无声，不要过于宣传，不要太"爆"。比如，微信不像别的App那样开篇就有广告，没有对用户进行夺眼球式的营销，但用户一有需要就会想到它，很好地培养了用户的使用习惯，这种习惯因为微信的低调而成为日常。

那么，如何在私域流量池里打造爆品呢？可以从以下几个方面着手。

1. 定位私域流量池的个性和价值观

在打造私域流量池之初，就应该定位好私域流量池与用户之间互动的个性基础和价值观基础，这关系到私域流量池会吸引到什么样的用户。

2. 分析私域流量池中用户背后的多元化需求

我认为在私域流量的思维中，不可以把用户物化成某个分析工具下的分析对象，而应该用共情心和感性的思维把分析工具得出的数据结论具象化，从中剖析用户的多元化需求。

3. 具备场景化的想象力

要想具备场景化的想象力，需要花足够多的时间和精力去推敲。极致的细化能直戳用户痛点，对用户具有足够大的吸引力，有利于引流和留存。

（1）场景化要求产品体系化，即为满足某一需求而提供一系列产品。比如，给宝宝洗澡时需要的澡盆、洗发水、洗发帽、沐浴露、浴巾、棉柔巾、爽身粉等，这些都是满足用户给宝宝洗澡需求的产品。那么，基于场景选择什么样的产品就是私域流量池的个性（或理念）和价值观的体现了。比如，给宝宝洗澡时用的澡盆，是选择方便宝宝躺着洗的澡盆还是坐着洗的澡盆？场景想好了，再用产品呈现出来，吸引具有相同理念的用户，达到留存的目的。

（2）场景化要求细致化。在竞争日趋激烈、流量越来越难以获得的形势下，细致化的场景想象有助于抢占先发的竞争优势，谁先想到这个场景，谁就能在用户心智中抢占先机。比如，东鹏特饮从长途司机容易疲劳驾驶的场景中，结合其功能饮料的特点，提取出这样的产品使用场景："累了困了，喝东鹏特饮"。此外，还有著名的"怕上火，喝王老吉"。这些广告语实际上是在提示用户在遇到类似场景时选择什么产品，给产品配上细致的使用场景，使用户不再简单地把它当作产品，而是"场景应对神器"。

（3）场景化要求创造性。场景化不仅可以解决用户本身的某些场景痛点，还可以为用户创造使用场景，培养消费意识和理念。创造性可以理解为"用户教育"，即培养用户在某个场景下使用某种产品的习惯。比如，经典的结婚信物——钻石，这是钻石商家创造出的在结婚场合需要的产品。"钻石恒久远，一颗永流传"，钻石商家通过这样的"用户教育"，使用户结婚买钻戒的消费意识根深蒂固。

4.利用用户的"推敲"

除私域流量池对产品的推敲外，用户也在对产品进行推敲和比较，这个过程是用户留存的关键节点。我们可以利用用户的推敲过程，进一步加强与用户的联系，提供更贴近用户需求的产品或服务。比如，可以在推出新品之前，让用户优先体验，察觉是否解决了用户的痛点。这些用户就是种子用户。若是用户体验佳，还可能发生裂变，拉来新用户；即便用户体验不佳，也可以给我们提供参考，同时有助于提升用户的参与感。越来越多的企业重视与用户的互动，重视用户的"推敲"，如海尔提出了"我的冰箱我设计"的模式。所以，面对用户的"推敲"，不仅要接受，更要合理利用。

本书从认识私域流量到打造私域流量池，从运营流量到变现流量，最后以服务和"超级用户思维"为结尾，阐述了新消费和新服务背景下营销理念的新变化。"人"不再到"场"里找"货"，而变成"货"到"场"里找"人"。谁的"场"流量多，谁就能在新的商业竞争中胜出，谁就拥有主动权，而这一切的落脚点就是服务的升级。

能否吸引用户、打动用户，满足用户需求是私域流量运营的核心问题。只有解决了这个问题，才能使私域流量池形成良好的生态，形成理想的"货—场—人"的关系。

> **小开给您划重点**
>
> （1）私域流量池的服务特点。
> （2）"超级用户思维"的"三感"方法论。
> （3）在私域流量池里打造爆品的4种方法。

后记　陶小开的自白

写完本书我的感触特别深。当一个人真正系统化和体系化地整理并输出内容的时候才明白，其实自己在很多方面，尤其在某些点上存在认知匮乏，这也验证了一点：你知道的东西越多，你越感觉自己是无知的。而从宏观和微观上分析也能够让自己知道当下和未来的挑战与机遇。

我一直在一线工作，我的信息和认知每天都在更新，我越发理解和佩服那些能够出书的人。这本书，我来来回回修改了5次，这让我对表达有了新的认识：好的表达并不是你会用多么"高大上"的词汇堆积，而是能够回归常识并用简单的表达，把一件事情或一个道理，按你所理解的娓娓道来，这是一种宝贵的能力。

在写作本书的过程中，我时常反问自己，我知道未来我也要面临很多这样的疑问：凭什么我来写这本书？我的私域流量池是如何打造的呢？写到一半的时候，我有了答案。我把自己的私域流量池打造，也就是个人IP打造，从公众号到个人微信号，到企业微信，到朋友圈，到小程序，再到现在火热的视频号，都完整地嵌入了一个闭环流程中，直接上图。

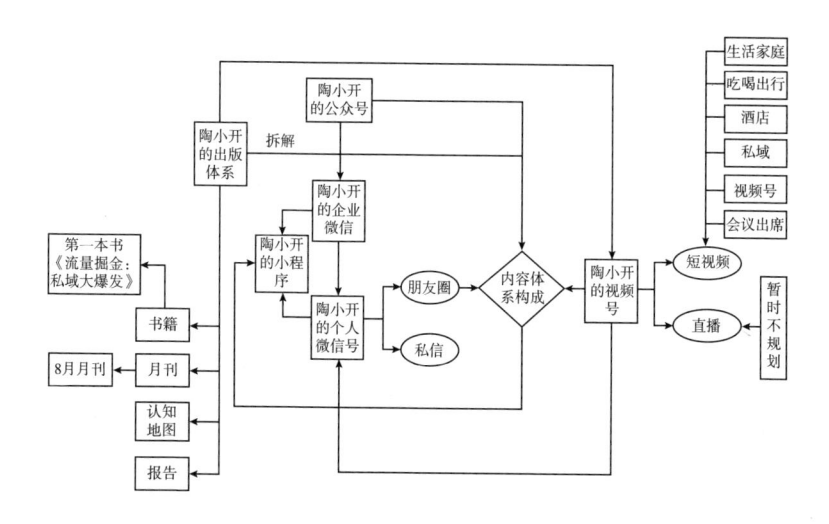

```
陶小开的出版体系
  ├─ 拆解 → 陶小开的公众号
  ├─ 陶小开的企业微信
  ├─ 陶小开的小程序
  └─ 陶小开的个人微信号 → 朋友圈 / 私信
                        ↓
                     内容体系构成 → 陶小开的视频号 → 短视频 / 直播

第一本书《流量掘金：私域大爆发》→ 书籍
8月月刊 → 月刊
认知地图
报告

生活家庭 / 吃喝出行 / 酒店 / 私域 / 视频号 / 会议出席
暂时不规划
```

此图我没有做太多的批注，因为展开讲确实比较复杂，能看明白的人自然懂。如果大家对于个人IP的实战打造感兴趣，欢迎来找我沟通，我很愿意与大家探讨。

另外，我再谈一下我的几点感受。

对于内容，我感知内容变革的到来。每个人获取信息的传感器发生了变化，处理信息的方式也发生了变化，结合场景的商业变现将随处可见。我们都在说"数字化"，而主流的数字化平台可以是移动端和云端，现在是它们的时代。在数字化的上半场，手指是交互的基础。随着手机的感知能力越来越强和短视频的普及，我们将迎来一个新的时代，从语言、文字及图片的人机交互时代变成"短视频+直播"的内容交互时代。这就意味着人开始和物理世界、自然社会直接交互，从而开启新的大门。讲得夸张一点，未来的商业都可以在这个时代重新做一遍。

对于成长，我有了不同的认知，对成功的定义也发生了改变。以前我觉得成功是赚大钱、成大名，现在我觉得评判成功的标准不是你有多少钱，而是你的人生角色的完整度，即在为人子、为人夫、为人父、为人师、为人友上的完整，这里也可以映射到"场景"这个词。

未来随处可见的就是各种场景，每个场景都是分时间和空间的，而场景需要通过有温度的连接才能形成真实、有价值的数据。随着技术的不断迭代，这些场景将具象地呈现在大家面前。我也希望未来我能够更加懂得如何真正挖掘"场景经济"下的价值。

一直学习才能一直成长。从当初接触博客到写作，再到开始进入微信生态，从公众号到微信群，到个人微信号，再到现在的视频号，我生怕自己掉队。只有一直在一线工作，我才觉得不那么惧怕新事物。

写完本书的时候恰巧接触了视频号，我毫不犹豫地扎进去，从中我看到了一个新的起点，也将成为我写作第二本书的基点。我想在私域流量的基础上向前一步，看到全域流量。第二本书我决定从私域流量与公域流量的联动方面来撰写，尤其是对于视频号直播这种形态。我会把自己在这个方面的思考，从工具的洞察到行业的分析，到运营的经验，再到数据的反思，全面地写进第二本书中，希望大家能够继续支持我。

赠阅册

裂 / 变 / 增 / 长 / 私 / 域 / 新 / 视 / 角

流量掘金

全景私域认知地图
行业微信私域运营方案
100家私域商业范例

陶小开 / 著

私域认知地图 3.0 精选部分

品牌化运营私域九大板块

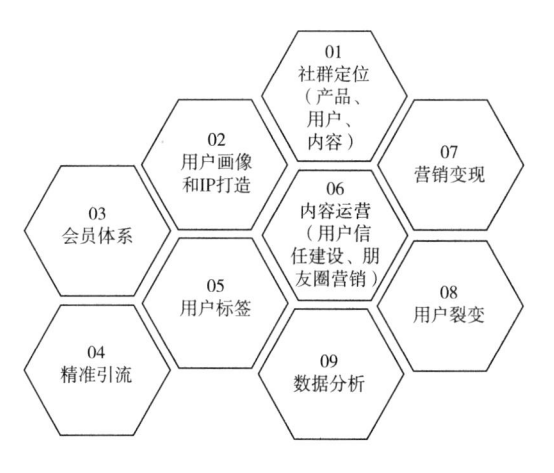

- 01 社群定位（产品、用户、内容）
- 02 用户画像和IP打造
- 03 会员体系
- 04 精准引流
- 05 用户标签
- 06 内容运营（用户信任建设、朋友圈营销）
- 07 营销变现
- 08 用户裂变
- 09 数据分析

私域流量适合哪些行业

宏观	存量市场的竞争，用户的精细化深度运营成为主流
成本	获客难、获客成本高
市场	现在是存量市场竞争关系，用户服务需要升级
用户	用户端需求细分化，只有提供精细化服务才能留住用户
路径	留存通道有利于私域的运营，微信月活9.63亿人，抖音5.16亿人
渗透	私域触点在中国的渗透率达96%
连接	中国消费者平均每天在私域触点上花近1.5小时
影响	74%的消费者表示其消费决策受到私域内容的影响
交易	79%的消费者在过去一年中在私域进行过购买，其中45%表示会增加频次

私域认知地图 3.0 精选部分

私域流量来源

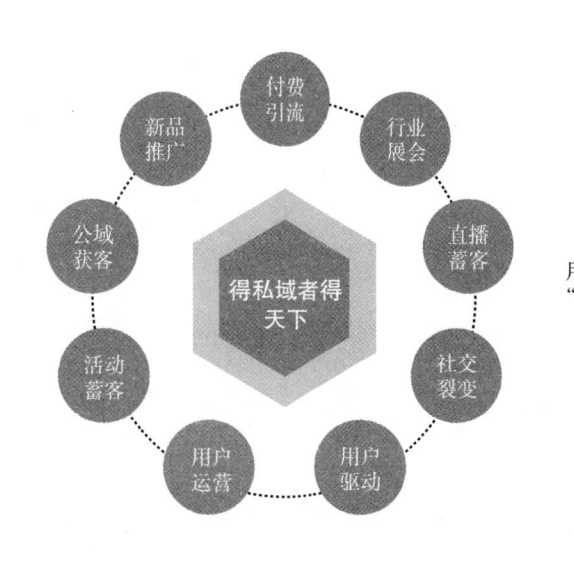

- 付费引流
- 行业展会
- 直播蓄客
- 社交裂变
- 用户驱动
- 用户运营
- 活动蓄客
- 公域获客
- 新品推广

得私域者得天下

私域流量营销三大效应

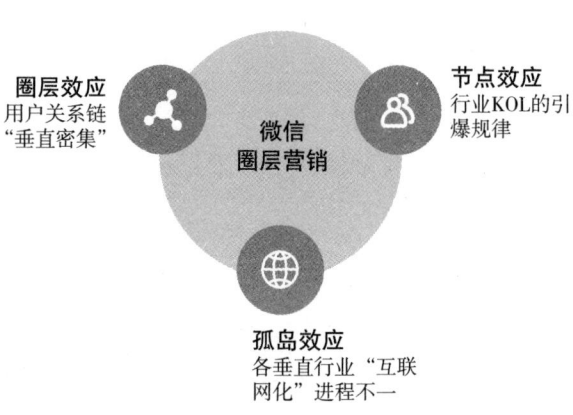

圈层效应
用户关系链"垂直密集"

节点效应
行业KOL的引爆规律

孤岛效应
各垂直行业"互联网化"进程不一

微信圈层营销

私域认知地图 3.0 精选部分

8 个在线，打造企业私域流量池

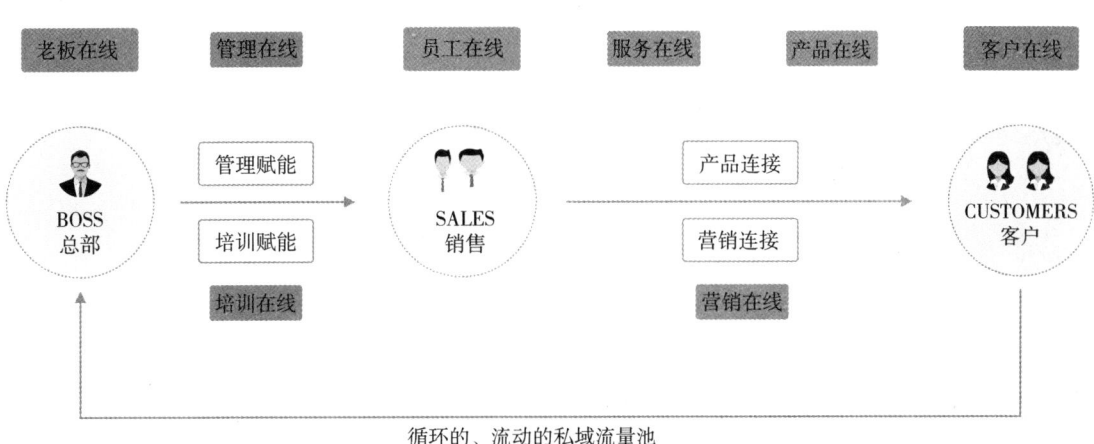

| 老板在线 | 管理在线 | 员工在线 | 服务在线 | 产品在线 | 客户在线 |

```
┌─────────┐     管理赋能      ┌─────────┐     产品连接      ┌───────────┐
│  BOSS   │ ───────────────▶ │  SALES  │ ───────────────▶ │ CUSTOMERS │
│  总部   │     培训赋能      │  销售   │     营销连接      │   客户    │
└─────────┘                  └─────────┘                  └───────────┘
     ▲          培训在线                      营销在线            │
     │                                                            │
     └────────────────── 循环的、流动的私域流量池 ──────────────────┘
```

私域认知地图 3.0 精选部分

品牌私域运营生态

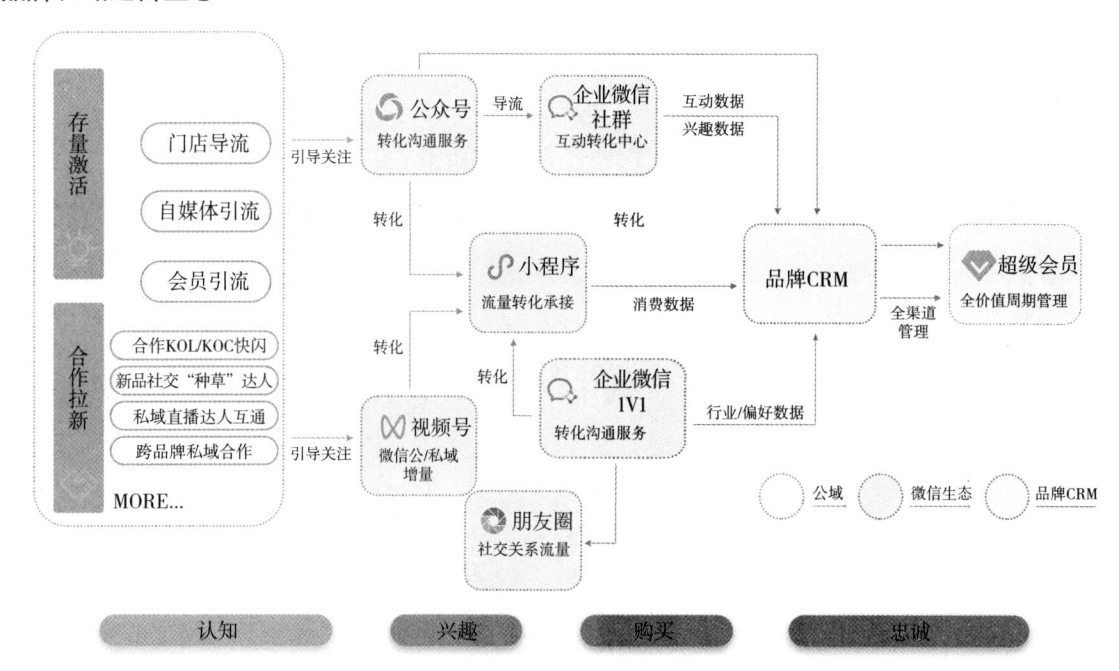

存量激活
- 门店导流
- 自媒体引流
- 会员引流

合作拉新
- 合作KOL/KOC快闪
- 新品社交"种草"达人
- 私域直播达人互通
- 跨品牌私域合作
- MORE...

公众号 — 转化沟通服务
企业微信社群 — 互动转化中心
小程序 — 流量转化承接
视频号 — 微信公/私域增量
企业微信1V1 — 转化沟通服务
朋友圈 — 社交关系流量

品牌CRM — 全渠道管理

超级会员 — 全价值周期管理

流程:引导关注 → 转化沟通服务 → 导流 → 互动数据 / 兴趣数据 → 品牌CRM
转化 → 消费数据 → 品牌CRM
行业/偏好数据 → 品牌CRM

图例:公域 / 微信生态 / 品牌CRM

阶段:认知 — 兴趣 — 购买 — 忠诚

私域认知地图 3.0 精选部分

打造差异化的私域精细化运营策略

二十大品类消费者行为差异地图

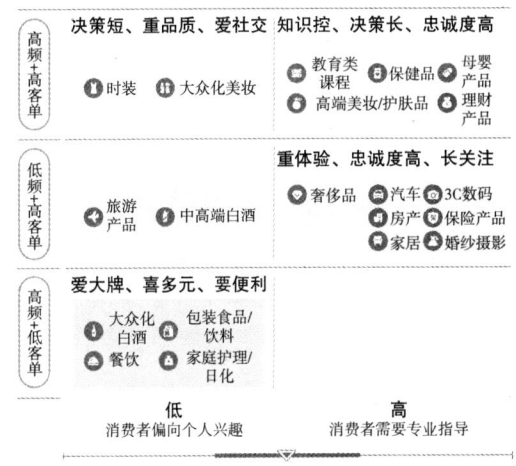

高频+高客单

决策短、重品质、爱社交
- ① 时装
- ② 大众化美妆

知识控、决策长、忠诚度高
- ① 教育类课程
- ② 保健品
- ③ 母婴产品
- ④ 高端美妆/护肤品
- ⑤ 理财产品

低频+高客单

重体验、忠诚度高、长关注
- ① 旅游产品
- ② 中高端白酒
- ③ 奢侈品
- ④ 汽车
- ⑤ 3C数码
- ⑥ 房产
- ⑦ 保险产品
- ⑧ 家居
- ⑨ 婚纱摄影

高频+低客单

爱大牌、喜多元、要便利
- ① 大众化白酒
- ② 包装食品/饮料
- ③ 餐饮
- ④ 家庭护理/日化

低 ← 消费者偏向个人兴趣 | 消费者需要专业指导 → 高

品类专业要求

匹配消费者行为 制定四大私域流量运营模式

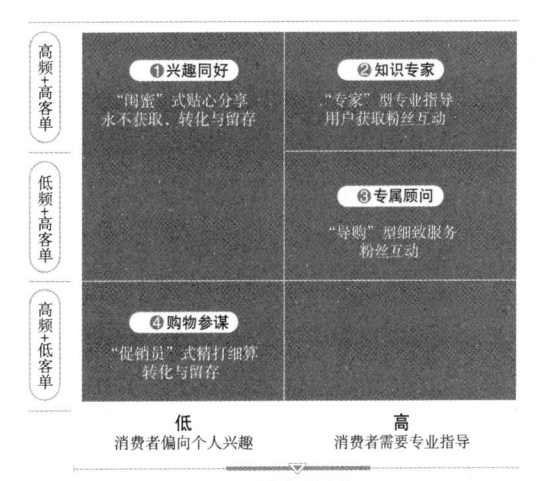

高频+高客单

❶ 兴趣同好
"闺蜜"式贴心分享
永不获取、转化与留存

❷ 知识专家
"专家"型专业指导
用户获取粉丝互动

低频+高客单

❸ 专属顾问
"导购"型细致服务
粉丝互动

高频+低客单

❹ 购物参谋
"促销员"式精打细算
转化与留存

低 ← 消费者偏向个人兴趣 | 消费者需要专业指导 → 高

品类专业要求

私域认知地图 3.0 精选部分

电商行业私域打法的步骤

7种私域流量玩法

公域+私域	基础运营四件套	
企业微信+不同人设组合	小程序+直播+社群+私域	直播+社群/微商城/小程序
企业微信转化+广告引流		
企业微信+直播+小程序+广告引流	小程序+直播+公众号	社群运营+私域流量

内容电商产业链

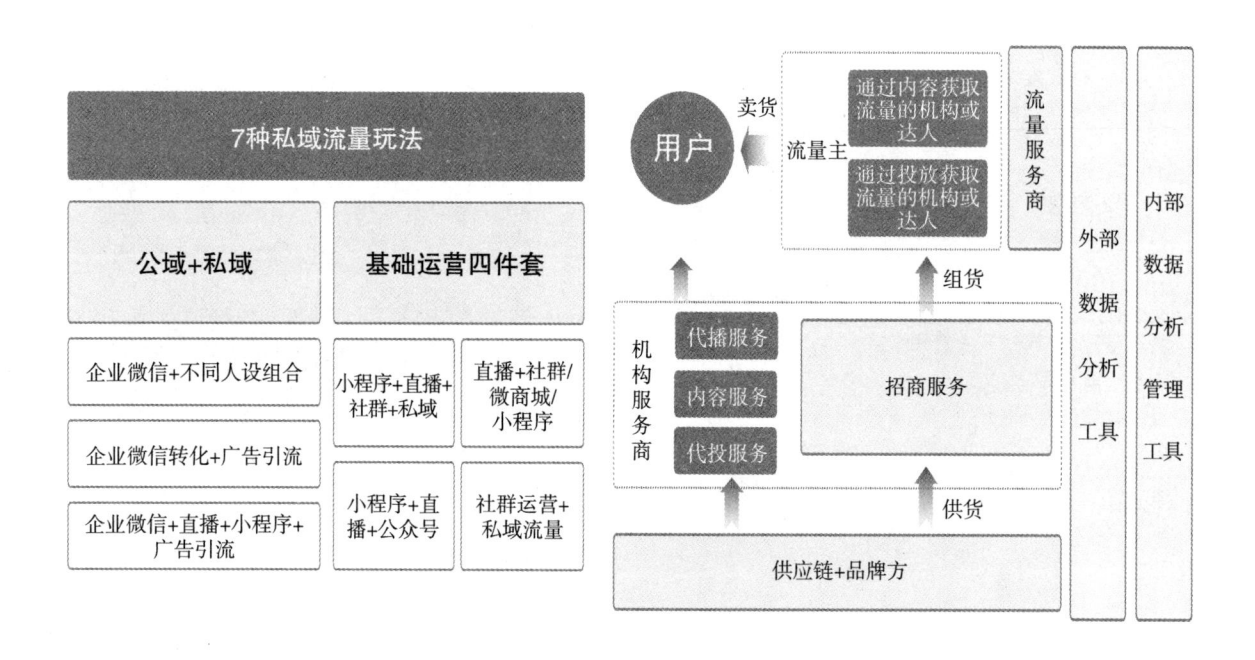

用户 ← 卖货 — 流量主

- 通过内容获取流量的机构或达人
- 通过投放获取流量的机构或达人

流量服务商

组货 ↑

机构服务商：
- 代播服务
- 内容服务
- 代投服务

招商服务

供货 ↑

供应链+品牌方

外部数据分析工具 / 内部数据分析管理工具

私域认知地图 3.0 精选部分

如何打造个人 IP

IP定义
IP指的是被市场检验过的一种用户感情的载体。
IP是具有人格化的"虚拟生命",此生命存在的意义是强烈地被用户所需要。

品牌和IP的区别
品牌以产品为起点,产品的特性、质量等因素共同决定了品牌的价值,是附着于产品之上的符号。
而IP以内容为起点,IP的产生和发展都必须以源源不断的优质内容为基础,离开了内容,IP的生命力将走向衰竭。

IP打造6个步骤

定位,确定发展方向
精准定位,明确自己是谁、所面向的用户是谁,聚焦某一具体领域,集中发力,以逐步形成该领域的一个特有IP

完善人设信息
结合品类,构造福利内购官的人设

打造朋友圈
根据不同的时间点、剧本内容、节奏安排,在用户朋友圈中建立人设认知

树立企业形象
姓名、头像等对外添加用户的第一印象内容

输出成长经历
工作、行业经历展示出饱满&真实的人物感,与用户交流并做后续的转化

输出价值,建立IP影响力
要想让别人关注你,就必须给别人一个关注你的理由,要源源不断地向用户输出高质量的内容,让用户感知到价值

私域认知地图 3.0 精选部分

如何打造高转化的朋友圈

A Attention 注意　　**I** Interest 兴趣　　**S** Search 搜索　　**A** Action 购买　　**A** Share 分享

"种草"的本质

"种草"阶段
创造有购买欲望的有效曝光

➤ 带来第一波进店流量

朋友圈内容规划

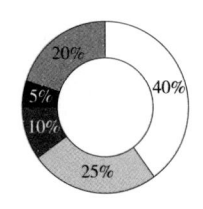

- 产品/品牌价值输出 40%
- 产品火爆程度 25%
- 个人生活 10%
- 段子 5%
- 个人创业感悟 20%

模板化朋友圈参考

	周一	周二	周三	周四	周五	周六	周日
	早安励志	用户见证	生活	思考	新品发售	产品优势	生活
	早上7:00—9:00（起床上班前）							
	专业干货	粉丝互动	专业干货	新品发售	专业干货	粉丝互动	思考
	中午11:30—13:00（午休吃饭时间）							
	粉丝互动	专业干货	新品发售	专业干货	用户见证	专业干货	社交
	晚上22:00左右（躺在床上刷朋友圈）							
	产品反馈	新品发售	产品介绍	读书运动	产品反馈	新品发售	趣闻

- 朋友化
- 建立档案
- 特殊待遇
- 利益驱动
- 超级用户小圈子

私域认知地图 3.0 精选部分

用户服务的"超级用户思维"

微信私域运营构架

公私域联动+社交温度感+人货场四力要素

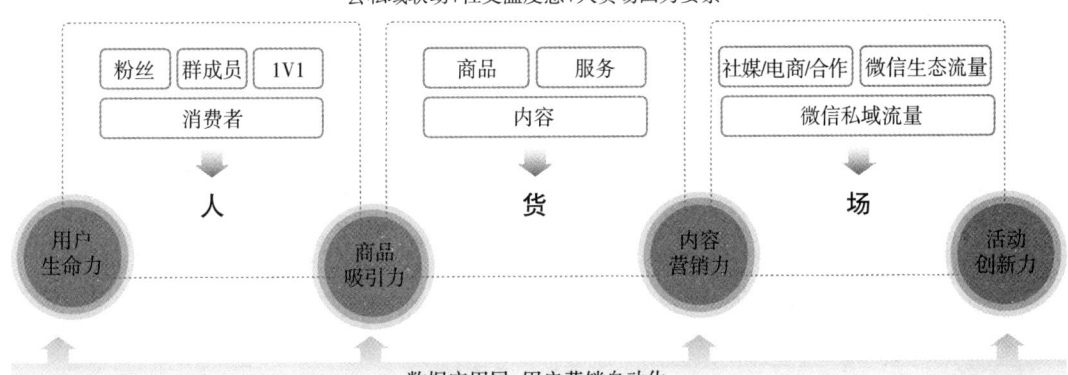

人	货	场
粉丝 / 群成员 / 1V1	商品 / 服务	社媒/电商/合作 / 微信生态流量
消费者	内容	微信私域流量

- 用户生命力
- 商品吸引力
- 内容营销力
- 活动创新力

数据应用层–用户营销自动化

私域认知地图 3.0 精选部分

公众号私域矩阵定位

公众号矩阵	在微信平台布局多个账号，用来增加粉丝量，满足不同用户需求

```
         小程序
          •
         /|\
        / | \
       /  |  \
      /   |   \
     /  服务号  \
    /     •     \
   /   /   \    \
  /  /       \   \
 / /           \  \
•─────────────────•
订阅号         个人微信号
```

服务号	每个月可以群发4次消息，消息直接显示在好友对话列表中，拥有高级接口能力
订阅号	每天可以群发1次消息，消息以多种形式呈现，主要以"信息流"和"订阅号列表"为主，部分支持高级接口能力和微信支付（商户功能）
小程序	一种不需要下载安装即可使用的应用，和企业微信、服务号、订阅号是并行体系，在微信页面顶部和发现页面底部都可以找到小程序

公众号的底层逻辑

第一	确定自己提供什么服务，需要吸引什么粉丝
第二	确定是个人行为还是企业行为
第三	根据现有资源确定公众号框架如何配合

私域认知地图 3.0 精选部分

30 天粉丝安家流量

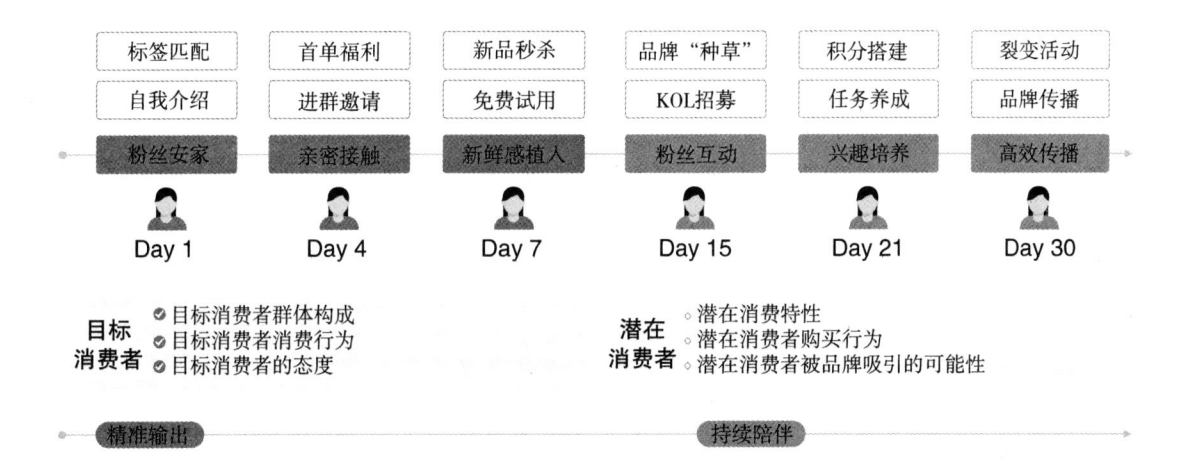

	标签匹配	首单福利	新品秒杀	品牌"种草"	积分搭建	裂变活动
	自我介绍	进群邀请	免费试用	KOL招募	任务养成	品牌传播
	粉丝安家	亲密接触	新鲜感植入	粉丝互动	兴趣培养	高效传播
	Day 1	Day 4	Day 7	Day 15	Day 21	Day 30

目标消费者
- ✓ 目标消费者群体构成
- ✓ 目标消费者消费行为
- ✓ 目标消费者的态度

潜在消费者
- ○ 潜在消费特性
- ○ 潜在消费者购买行为
- ○ 潜在消费者被品牌吸引的可能性

精准输出 —————————— 持续陪伴

私域认知地图 3.0 精选部分

社群运营与选品

社群运营的底层逻辑:
精神链接 × 现实链接 × 数字链接

- 价值(上课、优惠、共同话题等)——浅层
- 身份认同(职位、地域、行业等)——稍微深
- 共同目标(为了达到、为了成为等)——较深
- 文化(行为规范、故事传承、道德约束、独有仪式、独有语言、独有器物等)——超级深

底层逻辑:精神链接 / 现实链接 / 数字链接

- 群成员之间的数字链接
- 群成员与社群的数字链接

适合做社群的产品

- 需要销售的产品
- 普适性的产品
- 有购买冲动的产品
- 高客单价的产品

- 小规模,20人以内(亲密度最高)
- 中规模,20~100人(亲密度一般)
- 大规模,100人以上(亲密度最低)

优惠团购	快闪群、秒杀群,同样可在门店粉丝群发起团购活动;用性价比高的福利产品刺激新客户下单,有了信任后就会有强关系
优惠券	一对一私聊领券,同时经营朋友圈,多点触达粉丝
爆品秒杀	每月推出群内顾客特价秒杀优惠活动,如99元秒杀、19.9元秒杀
超值买赠	通过超值买赠组合,提高产品的吸引力
抽奖评论	引导群成员去翻你的朋友圈【提前布局朋友圈,打造专业人设】,为接下来一对一私聊转化做积累

日常营销——五大主流形式

私域认知地图 3.0 精选部分

企业微信有什么特色

企业微信5个核心应用场景

○ **数字化中台建设**
打通全私域用户行为数据，实现用户的精细化运营

○ **销售体系建设**
基于微信做销售，做到体系化管理

○ **服务体系建设**
基于微信做售后/售前，做到客服可管理，用户更满意

○ **社群营销转化**
基于企业微信运营社群，做到运营有章法

○ **裂变增长**
基于企业微信关系链，做到客户转介绍、自增长

私域商业模式　　GMV ＝ 流量 × 转化率 × 客单价 × 终身消费 × 裂变率

私域认知地图 3.0 精选部分

基于企业微信的私域运营策略

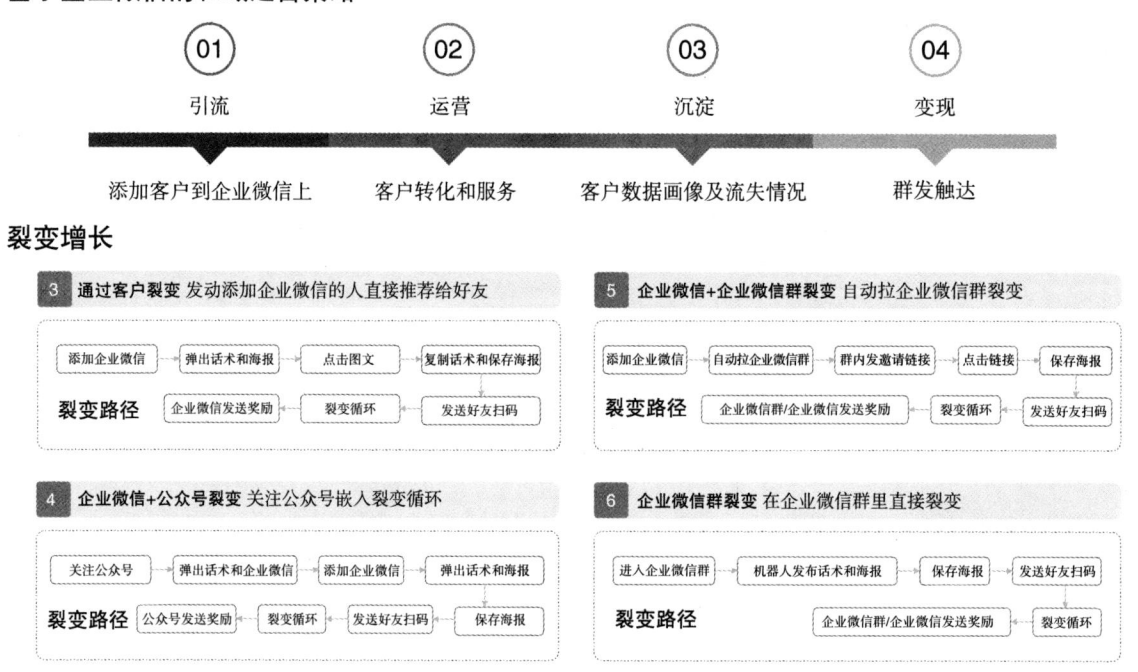

01 引流 — 添加客户到企业微信上

02 运营 — 客户转化和服务

03 沉淀 — 客户数据画像及流失情况

04 变现 — 群发触达

裂变增长

3 通过客户裂变 发动添加企业微信的人直接推荐给好友

裂变路径：添加企业微信 → 弹出话术和海报 → 点击图文 → 复制话术和保存海报 → 企业微信发送奖励 → 裂变循环 → 发送好友扫码

5 企业微信+企业微信群裂变 自动拉企业微信群裂变

裂变路径：添加企业微信 → 自动拉企业微信群 → 群内发邀请链接 → 点击链接 → 保存海报 → 企业微信群/企业微信发送奖励 → 裂变循环 → 发送好友扫码

4 企业微信+公众号裂变 关注公众号嵌入裂变循环

裂变路径：关注公众号 → 弹出话术和企业微信 → 添加企业微信 → 弹出话术和海报 → 公众号发送奖励 → 裂变循环 → 发送好友扫码 → 保存海报

6 企业微信群裂变 在企业微信群里直接裂变

裂变路径：进入企业微信群 → 机器人发布话术和海报 → 保存海报 → 发送好友扫码 → 企业微信群/企业微信发送奖励 → 裂变循环

私域认知地图 3.0 精选部分

视频号的核心流量逻辑

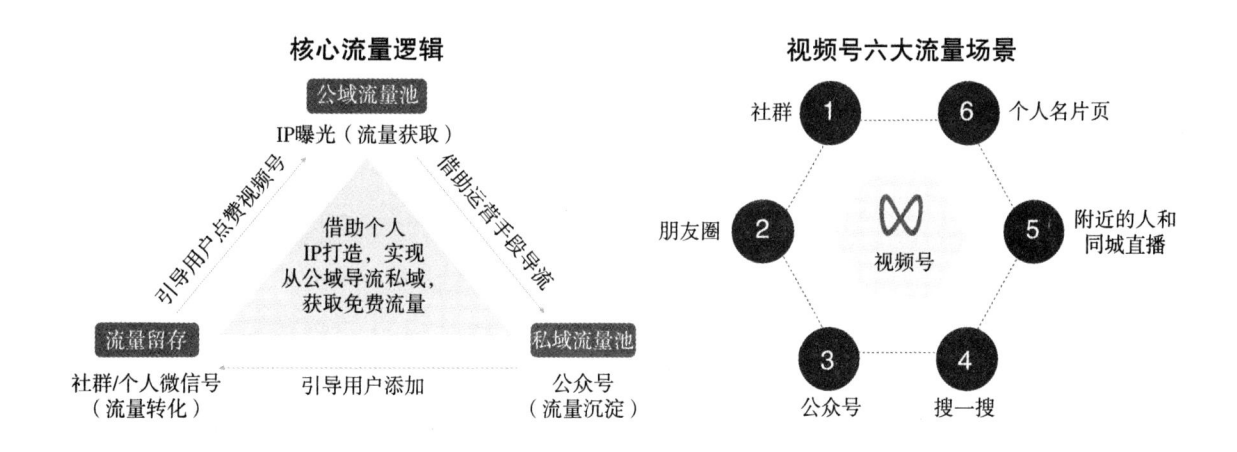

核心流量逻辑

公域流量池

IP曝光（流量获取）

引导用户点赞视频号 ← 借助个人IP打造，实现从公域导流私域，获取免费流量 → 借助运营手段导流

流量留存
社群/个人微信号
（流量转化）

引导用户添加

私域流量池
公众号
（流量沉淀）

视频号六大流量场景

1. 社群
2. 朋友圈
3. 公众号
4. 搜一搜
5. 附近的人和同城直播
6. 个人名片页

（中心：视频号）

私域认知地图 3.0 精选部分

视频号的优势

视频号已经成为微信生态中的超级连接器

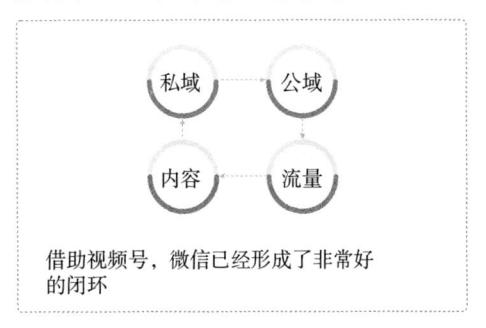

- 私域
- 公域
- 内容
- 流量

借助视频号,微信已经形成了非常好的闭环

企业可以利用视频号做什么

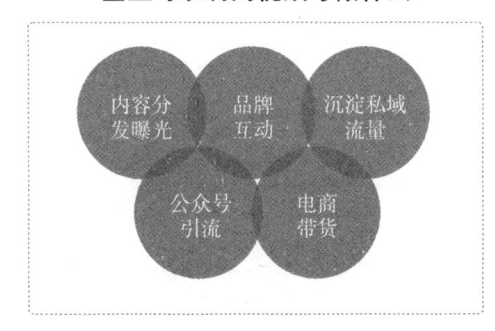

- 内容分发曝光
- 品牌互动
- 沉淀私域流量
- 公众号引流
- 电商带货

基于微信社交关系链,四大优势高效增长

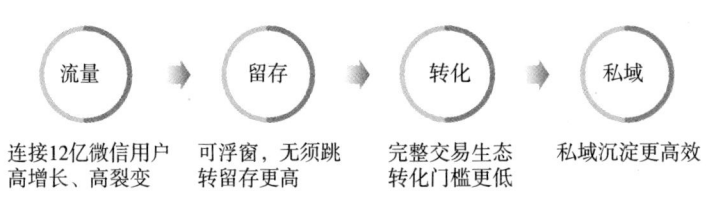

流量 → 留存 → 转化 → 私域

- 流量:连接12亿微信用户,高增长、高裂变
- 留存:可浮窗,无须跳转留存更高
- 转化:完整交易生态,转化门槛更低
- 私域:私域沉淀更高效

私域认知地图 3.0 精选部分

视频号的玩法

视频号+微信群怎么玩

日常带货社群运营步骤

3	日常在社群分享商品推广视频，发布商品福利活动
4	视频下面链接小程序、微店、微信商城，或者添加淘宝链接等
5	快递/送货，到家服务
6	用短视频在群内分享购买商品情况
7	将反馈视频发到视频号或朋友圈集赞，可获礼品、优惠券等

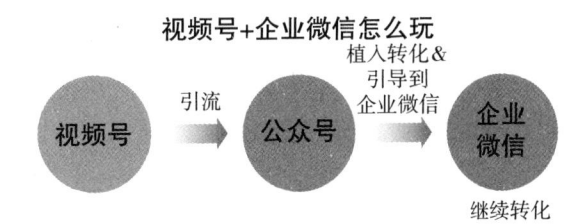

视频号+企业微信怎么玩

视频号 →（引流）→ 公众号 →（植入转化&引导到企业微信）→ 企业微信

继续转化

视频号+公众号怎么玩

定位：根据产品与服务进行定位，如行业+个性化服务

搭建矩阵号：根据定位，快速搭建好视频号

公众号引流涨粉

视频号+公众号怎么玩

私域认知地图 3.0 精选部分

视频号个人 IP 塑造五步曲

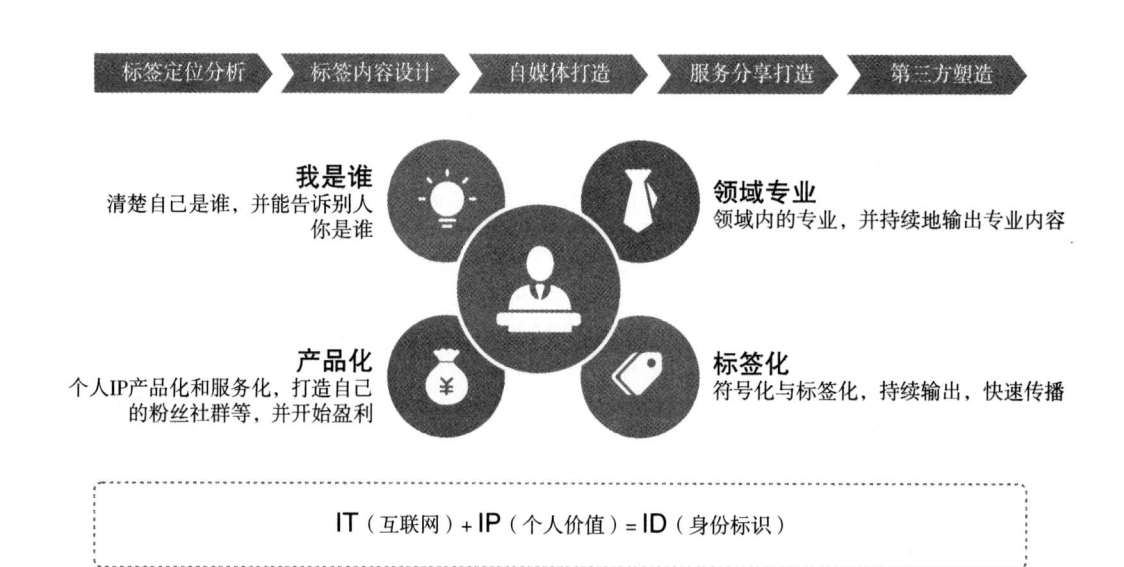

标签定位分析 → 标签内容设计 → 自媒体打造 → 服务分享打造 → 第三方塑造

我是谁
清楚自己是谁，并能告诉别人你是谁

领域专业
领域内的专业，并持续地输出专业内容

产品化
个人IP产品化和服务化，打造自己的粉丝社群等，并开始盈利

标签化
符号化与标签化，持续输出，快速传播

IT（互联网）+ IP（个人价值）= ID（身份标识）

私域认知地图 3.0 精选部分

视频号如何运营变现

视频号四大交易转化方式

01 视频号+小程序
通过视频号内容，挂小程序链接，用户点击后跳转到小程序完成购物

02 视频号+小商店
通过视频号内容，挂小商店链接，用户点击后跳转到小商店完成购物

03 视频号+公众号+商城
通过视频号内容，挂公众号链接，用户点击后跳转到公众号页面在微信商城中完成购物

04 视频号+直播+小商店
通过视频号发布直播预告，并在固定时间内开启直播带货，通过微信小商店完成购物

视频号未来三大主要变现方式

- 优质视频 → KOC（分发）→ 用户聚焦品牌（品牌小店）→ 品牌直播带货
- KOC（视频创作）→ 账号直发 → 用户聚焦品牌（品牌小店）→ 品牌直播带货
- KOC（视频创作）→ 账号直发 → 用户聚焦品牌（KOC小店）→ 品牌直播带货

私域认知地图 3.0 精选部分

如何运营小程序

小程序运营：三大步六小步

一、搭建及建立认知

- 01 搭建小程序私域
  - 巧用助力组件
  - 手机号组件
  - 会员卡组件
  - 收货地址组件
- 02 建立重点入口认知
  - 公众号入口
  - 下拉发现
  - 商家卡片

二、运营自有流量

- 03 运营自有流量
  - 公众号流量
  - 门店流量
- 04 玩转营销流量
  - 社交裂变
  - 拼团瓜分

三、公私流量共创

- 05 奖励公域流量
  - 智慧经营
  - 面对面
- 06 公私流量共创

小程序流量闭环

微信小程序 → 私域流量
- 用户沉淀 分享裂变
- 二维码+即用即走
- 打通线上线下场景

小程序裂变 ⇄ 公众号留存 ⇄ 个人微信号/社群变现

私域认知地图 3.0 精选部分

爆品的底层逻辑

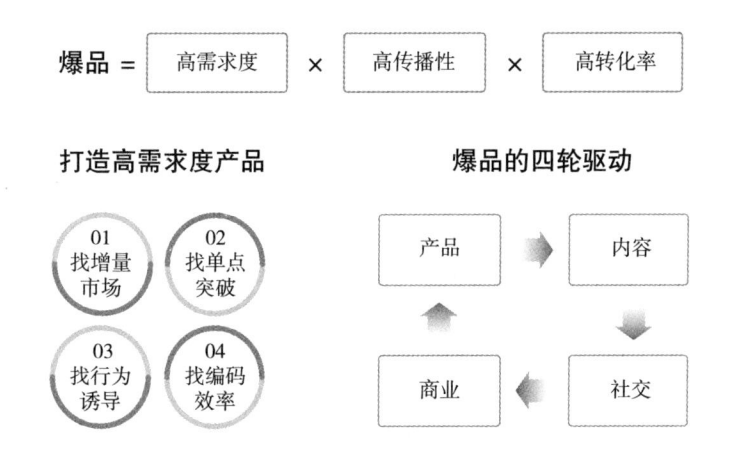

爆品 = 高需求度 × 高传播性 × 高转化率

打造高需求度产品

- 01 找增量市场
- 02 找单点突破
- 03 找行为诱导
- 04 找编码效率

爆品的四轮驱动

产品 → 内容 → 社交 → 商业 → 产品

私域认知地图 3.0 精选部分

客户感知价值

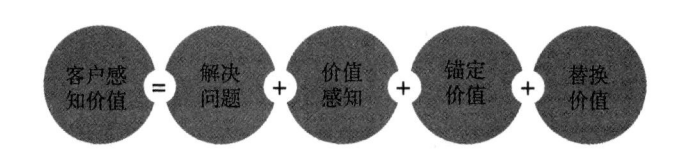

客户感知价值 = 解决问题 + 价值感知 + 锚定价值 + 替换价值

与众不同的三大维度

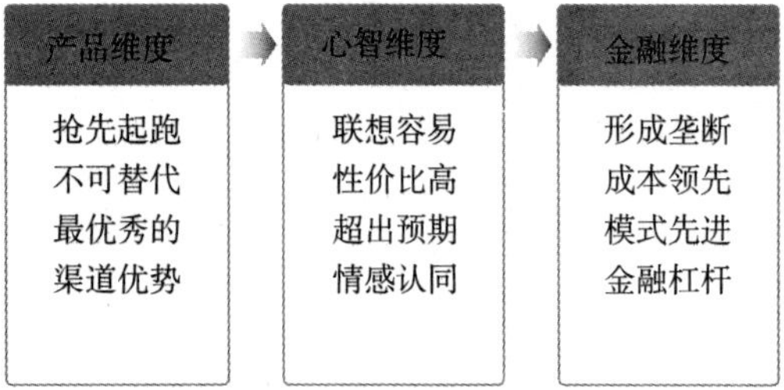

产品维度 → **心智维度** → **金融维度**

产品维度：
- 抢先起跑
- 不可替代
- 最优秀的
- 渠道优势

心智维度：
- 联想容易
- 性价比高
- 超出预期
- 情感认同

金融维度：
- 形成垄断
- 成本领先
- 模式先进
- 金融杠杆

资料来源：灰度认知社

商家认为好的产品 PK 客户认为好的产品

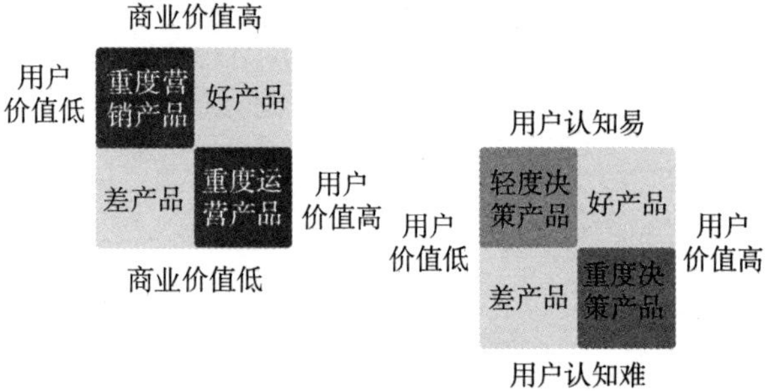

商业价值高 / 商业价值低，用户价值低 / 用户价值高：
- 重度营销产品（用户价值低，商业价值高）
- 好产品（用户价值高，商业价值高）
- 差产品（用户价值低，商业价值低）
- 重度运营产品（用户价值高，商业价值低）

用户认知易 / 用户认知难，用户价值低 / 用户价值高：
- 轻度决策产品（用户价值低，用户认知易）
- 好产品（用户价值高，用户认知易）
- 差产品（用户价值低，用户认知难）
- 重度决策产品（用户价值高，用户认知难）

资料来源：灰度认知社

Part2: 行业微信私域运营方案

- 企业微信私域运营方案
- 视频号私域运营方案
- 社交电商运营方案
- 社区团购运营方案
- 抖音私域运营方案
- 快手私域运营方案
- 在线教育私域运营方案

社群如何做好留存促活

1. 干货分享
分享产品相关、用户相关、用户感兴趣的延伸知识,同时可以搭配产品"种草"

2. 积分签到
打通现有微商城积分体系,提醒群成员每天在社群积分签到,打卡领券等

3. 抽奖活动
明确群内抽奖时间,确定虚拟/实物奖品

4. 趣味游戏
主要形式:H5小游戏、看图猜词、有奖问答等

更多关于快手私域运营方案 扫码获取详情

如何做好群内销售转化

1.秒杀盲盒福袋

结合当下大热活动推出新年盲盒福袋，提高参与积极性。
价格设置建议：9.9、19.9、29.9

2.优惠活动

针对某类产品、人气产品、单品等做特价、秒杀、社群专享福利等活动

3.直播

小程序/企业微信、视频号直播分享到社群，从而把私域召回到直播间进行成交

更多关于企业微信私域运营方案 扫码获取详情

视频号运营太极图

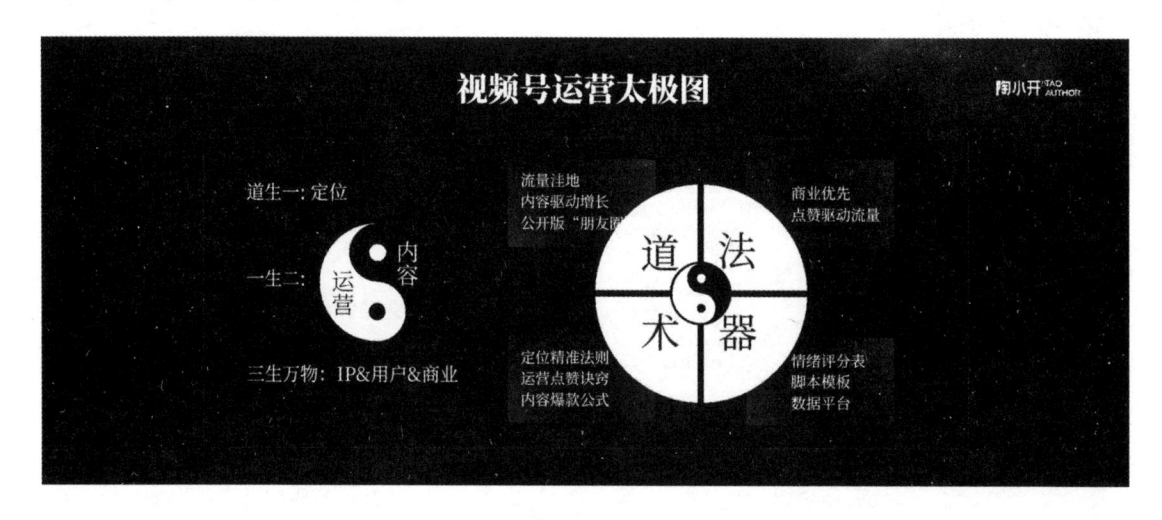

图片来源：契约

社交电商分类及模式对比

	拼购类社交电商	会员制社交电商	社区团购	内容类社交电商
概念定义	聚焦2人及以上的用户,通过拼团减价模式,激发用户分享形成自传播	S2B2C模式,平台负责选品、配送和售后等全供应链流程,通过销售提成刺激用户成为分销商,利用其自有社交关系进行分享裂变,实现"自用省钱,分享赚钱"	以社区为基础,社区居民加入社群后通过微信小程序等工具下订单,社区团购平台在第二天将商品统一配送至团长处,消费者上门自取或由团长进行最后一公里配送的团购模式	通过形式多样的内容引导消费者进行购物,实现商品与内容的协同,从而提升电商营销效果
模式特点	以低价为核心吸引力,每个用户成为一个传播点,再以大额订单降低上游供应商及物流成本	通过分销机制,让用户主动邀请熟人加入形成关系链,平台统一提供货、仓、配及售后服务	以团长为基点,降低获客、运营及物流成本,预售制和集采集销的模式,提升供应链效率	形成发现-购买-分享的商业闭环,通过内容运营激发用户购买热情,同时反过来进一步了解用户喜好
流量来源	关系链(熟人社交)	关系链(熟人社交)	关系链(熟人社交)	内容链(泛社交)
目标用户	价格敏感型用户	有分销能力及意愿的人群	家庭用户	容易受影响的消费人群/有共同兴趣的社群
适用商品	个性化弱、单价较低的商品	有一定毛利空间的商品	复购率高的日常家庭生活用品	根据平台内容的特征,适用的商品品类不同
典型企业	拼多多、京东拼购、苏宁拼购等	京东芬香、贝店、云集、环球捕手、花生日记等	兴盛优选、美团优选、橙心优选等	小红书、蘑菇街、抖音电商、快手电商等

社交电商商业模式（重构人、货、场）

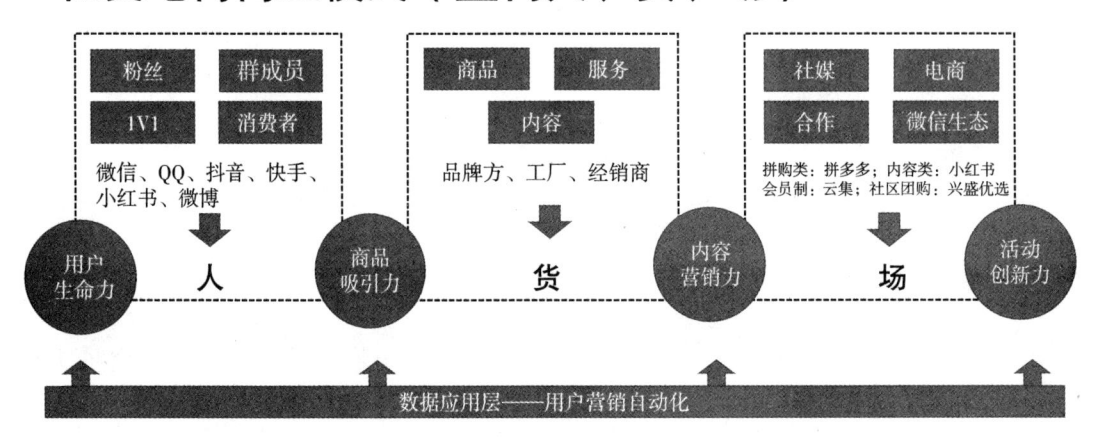

人	货	场
粉丝 / 群成员 / 1V1 / 消费者	商品 / 服务 / 内容	社媒 / 电商 / 合作 / 微信生态
微信、QQ、抖音、快手、小红书、微博	品牌方、工厂、经销商	拼购类：拼多多；内容类：小红书 会员制：云集；社区团购：兴盛优选
用户生命力 →	商品吸引力 →	内容营销力 → 活动创新力

数据应用层——用户营销自动化

篇幅有限，更多部分，扫码即得

扫码回复"图书"

获得全部的私域认知地图和私域商业范例